Mir hat niemand etwas gesagt

Von Susanne Petzold

Marie-Luise Petzold, 91, lebt nach einigen Zwischenstationen wieder in Hamburg. Sie ist verwitwet, hat zwei Söhne im Alter von 69 und 63 Jahren. Ihre Enkeltöchter sind 36 und 34 Jahre, ihr Enkelsohn ist 19, die kleinen Urenkel sind 2 Jahre und 6 Monate jung.

Die Autorin und Journalistin Susanne Petzold, 63, lebt in Hamburg. Die Mutter zweier Töchter arbeitete bei einer Münchner Tageszeitung als Redakteurin, später als Reporterin bei einer Illustrierten und als freie Journalistin. Sie hat es sich zur Aufgabe gemacht, zeitgeschichtliche Erinnerungen von Menschen aufzuzeichnen und für die Nachwelt festzuhalten.

Mir hat niemand etwas gesagt

Marie-Luise Petzold
Erinnerungen

Wie das Attentat auf Adolf Hitler am 20. Juli 1944 mein Leben prägte

Aufgezeichnet von Susanne Petzold
Mitarbeit: Petra Gatzer

Bibliografische Information der Deutschen Nationalbibliothek
Die Deutsche Nationalbibliothek verzeichnet diese Publikation
in der Deutschen Nationalbibliografie; detaillierte bibliografische
Daten sind im Internet über http://dnb.d-nb.de abrufbar.

Verlag: BoD · Books on Demand GmbH,
Überseering 33, 22297 Hamburg, bod@bod.de
Druck: Libri Plureos GmbH, Friedensallee 273, 22763 Hamburg

ISBN: 978-3-8192-3426-2

Schweigen legt sich oft wie ein Nebel über Kinder- und Jugendtage unserer Eltern- und Großelterngeneration. Die enormen Belastungen der Vorkriegszeit, des Naziregimes und die folgenden Entbehrungen bis weit in die 50er Jahre sind prägend. Jahrzehntelang geht es vor allem um das Durchhalten und Weitermachen, kommentarlos, ohne Ängste und Schwächen zu kommunizieren. Erst viele Jahre, meistens Jahrzehnte später kippt diese mentale Abschottung. Erinnerungen werden ausgesprochen, die emotionale Unerreichbarkeit der Kriegsgeneration gegenüber ihren Kindern und Kindeskindern beginnt sich zu lockern.

Inhalt

1942 Schloss Namedy

In Europa wütet der Zweite Weltkrieg, im Juni startet das Deutsche Reich die große Sommeroffensive auf dem Kaukasus, das »Unternehmen Blau« soll die Rote Armee vernichten. Mitte November stoßen Wehrmacht, Waffen-SS und Luftwaffe bis nach Stalingrad vor. 95.000 Rotarmisten geraten in deutsche Kriegsgefangenschaft.

Bereits im Januar 1942 beschließen Vertreter von SS, NSDAP und Regierungsmitglieder im Berliner Vorort Wannsee auf einer Konferenz die koordinierte Deportation von rund elf Millionen europäischer Juden in Vernichtungslager. Tötungszentren im besetzten Polen sind bereits in Betrieb oder befinden sich noch im Bau: Auschwitz-Birkenau, Treblinka, Chelmno, Belzec, Majdanek oder Sobibor.

Am 14. Februar ordnet die englische Militärführung mit der Ernennung von Arthur Harris zum Befehlshaber des britischen Bomber Command gezielte Luftangriffe »ohne Einschränkung« auf die deutsche Zivilbevölkerung an.

Generalmajor Fritz Lindemann und seine Ehefrau Lina sind sich einig: Der Standort Hamburg ist nicht mehr sicher. Zusammen mit ihrer damals achtjährigen Tochter Marie-Luise lebt die Familie in einer großzügig ausgestatteten Acht-Zimmer-Etagenwohnung in der Maria-Louisen-Straße im feinen Hamburg-Winterhude. Die Nähe zur Nordsee und die Konzentration von Schiffsbau und Schwerindustrie machen die Hansestadt zu einem attraktiven Ziel alliierter Luftanschläge. Die Eheleute beschließen ihre private Kinderverschickung, im Frühsommer bringt Lina Lindemann ihre Tochter zu ihrer Schwester Ilse-Margot von Hohenzollern-Sigmaringen nach Burg Namedy (siehe Anhang). Das Schloss liegt bei Andernach im Landkreis Mayen-Koblenz in Rheinland-Pfalz. Nur im innersten Kreis der Familie glauben Fritz und Lina Lindemann ihre Tochter behütet.

Marie-Luise erinnert sich: »Das hat meine Mutter so mit meinem Vater besprochen. Mit der Bahn fuhren Mutter und ich nach Andernach. Und dann zum Schloss. Am nächsten Morgen war sie weg, einfach so. Sie hat mir nichts erklärt, davor nicht und danach ebenso wenig. Sie hat mich bei Tante Ilse abgestellt. Tante Ilse war keine Fremde für mich, wir hatten ihr und ihrer Familie schon in den Jahren davor einige Besuche abgestattet. Es waren liebe Verwandte. Aber, man wurde ja nicht gefragt damals. Und schon gar nicht auf etwas vorbereitet. Ich wäre auch nie auf die Idee gekommen zu fragen. Das gab es nicht.

Burg Namedy war im Besitz von Onkel Albrecht (von Hohenzollern) und Tante Ilse. Ein richtiges Schloss (seit 1909 Eigentum der Hohenzollern) mit großen Räumen: Der Keller war der wichtigste Ort; hier verbrachten wir viele Stunden, wenn Fliegeralarm war. Es war gruselig und scheußlich dort, Fledermäuse schwirrten durch die obligatorischen Weinvorräte. Ich fand sie furchterregend. Im Erdgeschoss gab es einen prächtigen Rittersaal und ein riesiges Esszimmer mit einem unglaublich langen Esstisch, an dem alle Mahlzeiten eingenommen wurden. Hier fanden auch die herrlichen Eierkuchen-Wettessen statt. Meine Cousine Puppi hat immer gewonnen. Die Köchin, sie hieß Gertrud, hat sie gebacken, in einer großen gusseisernen Pfanne, ganz süß und dick mit saftigen Äpfeln aus dem Schlossgarten.

Unten und oben gab es viele Kachelöfen, die Burg war immer schön warm, im Sommer und im Winter. Ich schlief oben hinter einem Schrank und durfte ein altmodisches Bad mitbenutzen. Puppi lag neben mir und Tante Ilse auch; dann gab es einen Durchgang, da stand Godeharts Bett. Godehart war der jüngste Sohn von Albrecht und Ilse, das verwöhnte Nesthäkchen. Namedy war kinderfreundlich und besonders. Es gab einige Räume, die nicht betreten werden durften, warum auch immer. Das barg etwas Geheimnisvolles, aber wir Kinder hatten uns an die Regeln zu halten.

Spannend war die Wendeltreppe hoch zum Dachboden, an der ein dickes Seil befestigt war; ein wunderbarer Spaß sich daran nach unten ins Parterre abzuseilen. Puppi, meine vier Jahre ältere Cousine, war fast immer an meiner Seite, sie war meine engste Vertraute in meinem neuen Zuhause in Andernach. Richtig hieß sie Rose-Margot. Mit ihren größeren Geschwistern Lütty (Josephine) und Medi (Dorothee) hatte ich nicht viel zu tun, und Godehart, der kleine Nachzügler-Prinz und eindeutig das

Schoßkind der Familie, saß immer im Klappstuhl neben seinen Eltern an der ehrwürdigen Tafel. Albrecht und Ilse hatten sehr jung mit 21 und 18 geheiratet. Ilse war nie herzlich, nicht so wie meine Mutter, die ich jeden Tag so vermisste. Albrecht war sehr nett, oft stopfte er beim Essen riesige Salatblätter in sich hinein und verschlang Berge von Gertruds knusprigen Bratkartoffeln.

Mit Puppi war ich stundenlang im Schlossgarten, wo Äpfel- und Pflaumenbäume wuchsen. Wir kletterten auf Kirschbäume mit Holzleitern; dort saßen wir stundenlang und ließen uns die süßen Kirschen schmecken. Ich bekam irgendwann immer Bauchweh davon, Puppi nie. Was hatte sie für einen Magen! Während ich nach einem halben Pfannkuchen kapitulierte, schaffte meine Cousine mindestens einen ganzen bei unseren Wettessen.

Die Burganlage war sehr gepflegt, besonders die Gemüseplantagen, für die Hausangestellte sowie Fremd- und Zwangsarbeiter aus Polen verantwortlich waren. Letztere erhielten dafür freie Kost und Logis. Wir durften sie nicht ansprechen und sie uns auch nicht; alle waren dazu angehalten, alle Türen stets verschlossen zu halten.

Für die Ackerarbeit gab es Kaltblüter, Onkel Albrecht besaß dazu noch drei Reitpferde. Einmal bin ich mit Puppi auf so einem gutmütigen Arbeitstier zusammen nach Hause geritten. Das Pferd sollte einen Karren ziehen. Das hat mir Spaß gemacht, man konnte richtig hinaufkrabbeln. Als Puppi mir allerdings vorschlug, doch einmal eines der Reitpferde auszuprobieren, musste ich passen:

Kannst dich ja auch mal draufsetzen …? Ich beließ es bei einem kurzen Versuch, stieg schnell wieder ab, ich hatte viel zu großen Respekt vor so einem imposanten Tier.

Es gab Hunde und Katzen, viele Hühner, die überall im Garten herumliefen. Einmal wurde eines geschlachtet, so Kopf ab mit dem Messer. Danach tollte es wie ein Federball hin und her. Das waren natürlich die Nerven.

Namedy war autark, zur Anlage gehörten auch Kuh- und Schweineställe, in denen die Fremdarbeiter ebenfalls arbeiteten. Sie waren nicht wegzudenken, für einen landwirtschaftlichen Zusatzbetrieb absolut erforderlich. Wie die meisten Angestellten waren sie in einem einfachen Haus mit Flachdach untergebracht. Gertrud und Marianne allerdings hatten ihre Kämmerchen in der Burg. Marianne half in der Küche, war aber hauptsächlich für alle Zimmer wie dem Herrichten der Betten zuständig.

Für mich als Stadtkind war das Leben auf dem Land sehr aufregend, wenn zum Beispiel auf dem großen Hof ein Schwein geschlachtet wurde. Das war Gertruds Stunde! Ein richtiges Schlachtfest. Das kräftige, rosa Tier wurde ausgenommen und sofort in die Küche gebracht. Das fand ich überhaupt nicht schlimm. Gertrud hat mit feinen Gewürzen herrlich schmeckende Blutwürste zubereitet. Namedy konnte sich selbst versorgen, es gab dort immer gutes Essen.

Es wurde oft gemetzgert, davon berichtete ich auch meinem Vater in meinen Briefen: Lieber Papi, heute haben wir ein Schwein geschlachtet, das essen wir jetzt auf! Vater und ich, wir hatten so eine bestimmte Verbindung miteinander, obwohl wir nie viel voneinander hatten. In meinen Briefen erzählte ich nur, was ich erlebt hatte, nie aber das, was ich fühlte. Ich wusste ja nie etwas von meinem Vater, nichts von den Verhältnissen, in denen er sich bewegte, was er tat, wo er war. Ich hatte einfach nicht die geringste Idee, was los war, warum ich auf Namedy war, weshalb Mutter so selten kam und mein Vater eigentlich nie. Meine eigene, kleine Wahrheit traute ich mich nicht zu äußern. Vater mit seinem feinen Spürsinn muss von alldem eine Ahnung gehabt haben. In einem Brief an meine Mutter schrieb er 1942: Ob die Lütte wohl gern dort (Namedy) ist?

Puppi war vier Jahre älter, manchmal spürte ich das; aber wir waren immer zusammen, tobten in den Plantagen oder bastelten uns einen Hochsitz in einer Eiche. Im Park ging einmal eine Bombe ab, ein Blindgänger, der kantige Krater war ziemlich interessant. Lange standen wir drum herum und machten uns unseren eigenen Reim darauf.

Unvergessen bleiben unsere Schwimmausflüge im Rhein, bis heute verstehe ich nicht, wie Tante Ilse das erlauben konnte. Ich war erst acht. Der Fluss war fast eine Viertelstunde vom Schloss entfernt. Am sandigen Ufer angekommen, schnürten wir uns Schwimmgürtel aus Kork um die Taillen und sprangen in das kalte Wasser. Was für ein Spaß das gewesen war! Vor allem in den heißen Sommern! Die Strömung war unheimlich, wir ließen uns treiben, oft an übermächtig anmutenden Schiffen und

Kähnen vorbei, die schwarzen Bordwände mit rostigen Flecken waren unheimlich. Ganz woanders kamen wir wieder aus dem Wasser. Was da hätte alles passieren können! Wir rannten zurück und das Spiel begann erneut. Tante Ilse muss wirklich großes Vertrauen in uns gehabt haben.

Im Rhein sah ich meinen ersten Toten. Puppi und ich waren im Schlosspark, da kam jemand angerannt und berichtete ganz laut, ein amerikanisches Kampflugzeug sei in den Rhein gestürzt. Zwei Männer seien fast ertrunken, der Bomber müsse aus dem Wasser gezogen werden. Das mussten wir sehen! Ich war so aufgeregt, unbedingt wollte ich meine Puppe und den Puppenkoffer, den ich immer bei mir hatte, mit runter an den Fluss nehmen. Wir rannten, unterwegs ging mein Köfferchen auf, hastig klaubte ich alles zusammen, was meine Puppe zum Anziehen hatte, und kam gerade noch rechtzeitig, um einen Blick auf den noch lebenden, schwer verletzten Piloten werfen zu können: Ein paar Männer hatten ihn auf einen kleinen Holzwagen gelegt und davongeschoben, wahrscheinlich wollten sie ihn nach Andernach oder Koblenz ins Krankenhaus bringen. Ich kann nicht sagen, dass der Verwundete mir leidgetan hat, eigentlich habe ich nur gestaunt. Das Flugzeug war im Rhein verschwunden, den toten Piloten sah ich aus den Augenwinkeln.

Danach sollte ich noch viele Tote sehen.«

Mutter und ihre Familie

»Meine Mutter, im kultivierten Freundeskreis ihrer Eltern in Potsdam aufgewachsen, war stark und selbstbewusst; sie konnte zupacken, heute würde man sagen, sie stand mitten im Leben. Wie viele Frauen ihrer Generation dachte sie lieber an das Hier und Jetzt als an die Vergangenheit. Sie konnte so liebevoll sein und unberechenbar zugleich; wenn sie mich auf Namedy besuchen kam und dann immer ohne Ankündigung verschwand.

Mutter war sehr eng mit ihren Schwestern Ilse und Rosi. Onkel Albrecht war sehr musikalisch, er komponierte selbst am Flügel, stammte aus einer sehr wohlhabenden, belgischen Familie und hatte furchtbar viel geerbt. Seine Mutter Josephine von Belgien ging ins Kloster, wo sie auch starb. Albrecht war stets nett und lieb, sehr herzlich im Gegensatz zu Ilse. Das mit ihr war nicht so ganz das Richtige, das sagten die anderen auch. Onkel Albrecht war oft an der Ostfront. Wieder zuhause, lud er zu Konzerten und Soireen mit viel Musik und Spielen – reichlich Arbeit für Marianne, die Zimmer mit feiner Bettwäsche für Übernachtungsgäste herzurichten hatte. Diese Hauskonzerte im Spiegelsaal waren große Ereignisse: Wir Kinder wurden angehalten ordentlich zu erscheinen, alles war unglaublich interessant. Geladen waren festlich gekleidete Freunde und Musiker, die Organisation meiner Tante war bis ins kleinste Detail durchdacht.

Einmal schlug einer der Gäste einen Ausflug auf den Dachboden des Schlosses vor, wegen der atemberaubenden Sicht auf das Rheintal. Oben angelangt, stieß jemand auf ein Wespennest. Was für ein heilloses Durcheinander! Die Insekten stoben auseinander, in alle Richtungen, und machten sich über die Gäste her. Wirklich jeder wurde gestochen, in Panik geraten, versuchten alle die Wendeltreppe hinunterzueilen. Ein unfassbares Geschrei, groß der Tumult! Ich hatte drei Stiche, mit Puppi rannte ich ins Badezimmer, wo Tante Ilse jeden Gast verarztete und Zuckerstücke auf die Stiche legte. Die süßen Teilchen wurden erhitzt und sorgten leicht aufgelöst für Linderung. Glücklicherweise wurde auch niemand an den Treppen verletzt.

Anfänglich besuchte ich nahe des Schlosses eine Grundschule. Dorthin musste auch Peter Aschke, der Sohn von Tante Rosi, der wie ich aus Sicherheitsgründen nach Namedy gebracht worden war. Peter war so unglücklich wie ich, er vermisste seine Familie. In der Schule lernten wir nichts. Unterrichtet wurden dort die Dorfkinder, die wussten gar nichts, damals war ich Klassenbeste. Kein Wunder. Mein Vater sorgte schließlich dafür, dass ich auf der Burg wie Puppi von Fräulein Mende privat unterrichtet wurde. Immer trug er die Sorge in sich, ich könnte nicht genug lernen. Fräulein Mende schrieb die Zeugnisse mit der Hand, sie versorgte mich mit einer Grundausrüstung in Lesen, Rechnen und Schreiben, ab und zu gab es ein Diktat. Vater fand die Lehrerin nicht vertrauensvoll, meiner Mutter gegenüber hegte er Zweifel: »Hoffentlich lernt sie da auch …? Ebenso war er mit den Klavierstunden einverstanden. Das war mein großer Wunsch, natürlich wollte ich es Puppi gleichtun. Später, wieder in Hamburg, spielte ich auch, so lange, bis Mutter unseren Flügel verkaufen musste, wir hatten nichts mehr zu essen. Peter musste weiter in die Schule, er fand es furchtbar dort, mit den ganzen Dorfdeppen, wie er sie nannte.«

Vater

»Vater war immer so ruhig und besonnen. Bei ihm fühlte ich mich sicher. Aber leider sahen wir uns nur sehr selten. Und die wenigen Male, die ich uns beide zusammen sehe, waren wir uns sehr nah. Ich erinnere seine Liebe zu Pferden. Vater war ein begeisterter Springreiter, sein Favorit hieß Wotan.

Er war groß, schlank, immer akkurat, perfekt gekleidet. Das Haar wie frisch vom Friseur.

Rückblickend war er wie ein Mann mit zwei Gesichtern: mein einfühlsamer Vater und dann diese Person, von der ich erst viele Jahre später immer mehr erfahren sollte; die etwas ganz anderes war als das Bild, das ich von meinem Vater hatte: Mindestens so bemerkenswert wie seine liebevolle Art mit mir war das, was er mir nicht erklärte. Wie Mutter erschien er auf der Burg unangemeldet, reiste in den frühen Morgenstunden ohne Gruß ab.«

Der General

1920 schreibt General Fritz Lindemann in sein Tagebuch: »Das Wort, genüge dir selber, bedeutet mir, dass ich nicht in allem und jedem vom Urteil, von der Sympathie anderer abhänge, dass ich meinen Stolz und mein Gleichmaß in mir trage, aus mir selbst heraus lebe und im Streite der anderen ruhig und sicher bleibe. Das habe ich teilweise erreicht, und wenn ich mir noch nicht ganz das unvornehme Verraten meines brennenden Interesses an Allzu vielem abgewöhnt habe, so bin ich doch auf dem Wege, es in die genau entsprechenden Schranken zurückzuweisen« (Sie gaben ihr Leben, S. 21).

Diese Sätze sind teilweise den Erinnerungen eines Freundes entnommen und werden den jungen, aufstrebenden Soldaten in allen Phasen seines Lebens begleiten.

Fritz Lindemann, Sohn von Gertrud und Friedrich Lindemann, wächst in Berlin-Charlottenburg auf. Das Elternhaus ist nicht nur preußisch geprägt, eine militärische Laufbahn haben schon Friedrich Lindemann als Artillerieoffizier und seine Ahnen eingeschlagen. Vater Friedrich Lindemann verbringt in der Position eines militärischen Beraters mehrere Jahre in China, ist viel auf

Reisen. Ein großes Interesse des Vaters an anderen Völkern und Kulturen, Politik und Wirtschaft sorgen dafür, dass Sohn Fritz eine humanistische Schulausbildung am Potsdamer Viktoria-Gymnasium zuteil wird. »Die sogenannte Denkschule hatte ein sichtbares Übergewicht gegenüber der Paukschule, und an die Stelle des Drills zu unbedingtem Gehorsam, wie er in der Erinnerung ehemaliger Kadetten immer wieder deutlich wird, trat die Erziehung zu einer Disziplin, die im Nachdenken begründet war« (Sie gaben ihr Leben, S. 17). Liberal eingestellte Lehrer organisieren außerschulische Aktivitäten, fördern Selbstständigkeit und unabhängiges Urteilsvermögen der Schüler. Die jungen Männer empfinden sich als Elite (Sie gaben ihr Leben, S. 17), Fritz Lindemann verlässt pflichtbewusst und charakterstark das Gymnasium 1912 als Bester seines Jahrgangs mit dreimal »sehr gut« in den Hauptfächern. Bemerkenswert ist, dass neben Fritz Lindemann bis auf Generalfeldmarschall Erwin von Witzleben alle Mitstreiter des 20. Juli ihre Matura an humanistischen Gymnasien absolvieren.

Während der Ausbildung seines Sohnes am Viktoria-Gymnasium erhält Friedrich Lindemann 1905 einen Auftrag, der sieben Jahre später die militärische Karriere Fritz Lindemanns maßgeblich beeinflussen wird: Er soll Prinz August Wilhelm von Preußen auf das Offiziersexamen vorbereiten. Mit großem Erfolg, auf persönliches Geheiß des Kaisers (Wilhelm II.) unterrichtet Friedrich Lindemann 1906 auch Prinz Oskar, in den Jahren 1910 und 1911 dessen Bruder Prinz Joachim. Kaiser Wilhelm belohnt den tüchtigen Lehrer mit Auszeichnungen und lässt einen Wunsch Friedrich Lindemanns wahr werden: Fritz Lindemann darf 1912 gleich nach Schulabschluss in das 4. Garde-Feldartillerie-Regiment in Potsdam eintreten. Keine Selbstverständlichkeit für einen bürgerlichen, gerade 18-jährigen Bewerber. Fritz bewährt sich nicht nur als Artillerieoffizier in der Truppe, sondern verfügt wie sein Vater über ein pädagogisches Talent: Im Wechsel mit Truppenkommandos arbeitet der Offizier vor dem Ersten Weltkrieg als Lehrer an der Oberfeuerwerkerschule in Berlin und an der Kriegsschule sowie am Kadettenhaus zu Potsdam.

Noch während der Schulzeit erwählt Fritz Lindemann Zeilen aus »Wallensteins Lager« zu seinem Leitmotiv: »Der Soldat muss sich fühlen können. Wer's nicht edel und nobel treibt, lieber weit von dem Handwerk bleibt« (Der vergessene Verschwörer, S. 16). Das Motiv begleitet ihn nicht nur während des Ersten Weltkrieges: Mittlerweile zum Leutnant ernannt, dient Fritz ab 1913 an der Westfront, wird 1914 mit dem Eisernen Kreuz II ausgezeichnet, im Folgejahr erhält er das Eiserne Kreuz I und wird 1916 zum Oberleutnant befördert. 1918 wird er in den Generalstab der 35. Infanterie-Division Grenzschutz Ost nach Westpreußen versetzt.

Seine militärische Karriere entwickelt sich besonders und ungewöhnlich, ein Jahr später wird er zusammen mit fünf weiteren Offizieren während der Friedensverhandlungen von Versailles zum Schutz der deutschen

Friedensdelegation nach Paris abkommandiert: Der junge Soldat fällt schnell durch seinen Scharfsinn und übergreifendes Mitdenken auf. Die Auswertung der internationalen Presse während der Beratungen werden sein Sujet. »Die Zeit in Versailles hatte für den inzwischen 25-jährigen Oberleutnant Folgen, die sein ganzes künftiges Leben bestimmen sollten. Er begriff bei dieser ersten intensiven Begegnung mit Politik die Untauglichkeit des Versuches, sich auf das rein Militärische zurückzuziehen. Das, und das Erleben, wie Sieger mit Verlierern umzugehen pflegen, war später eine wichtige Triebkraft für sein Handeln im Widerstand. Zunehmend lernte er, neben den militärischen, die politischen Kraftverhältnisse und deren wirtschaftliche Hintergründe in Rechnung zu stellen (Der vergessene Verschwörer, S. 17).

Der junge Offizier übt sich in politischem Feingefühl und Diplomatie, knüpft in Versailles Kontakte von großer Bedeutung. Fritz Lindemann entwickelt sich zum politischen Soldaten: Ende 1919, mittlerweile als Oberstleutnant dem Grenzschutz Ost unterstellt, ist er während der Novemberrevolution (das bis dahin von der konstitutionellen Monarchie regierte Deutsche Reich wird zur Weimarer Republik) aktiv als Mitglied eines Freicorps an der Zerschlagung der links gerichteten Räteherrschaft in Düsseldorf beteiligt. Fritz Lindemann ist kein Anhänger der Kommunisten, bewundert allerdings das militärische Sowjetrussland. Sein Tagebuch zeugt davon: »Jedenfalls halte ich die bolschewistischen Armeen unter ihren zaristischen Führern für die besten

Europas zurzeit«. Und weiter: »Unser wirtschaftliches Aufblühen ist nicht eher möglich, als bis wir im Verkehr und Handel mit dem unerschöpflichen Russland stehen. Dort ist Neuland für unsere Intelligenz und Kraft« (Sie gaben ihr Leben, S. 20).

Wenige Monate später erlebt die junge Weimarer Republik ihre erste Bewährungsprobe, der 26-jährige Offizier verurteilt den gescheiterten Kapp-Putsch-Versuch, sieht seine Vorgesetzten aus kritischer Distanz, keine Spur von Obrigkeitsgläubigkeit.

»Im April 1920 lautet sein Resümee: Wir Soldaten haben jetzt alle zu leiden unter den wahnsinnigen Unternehmen von Kapp-Lüttwitz (verantwortlich für den Putsch-Versuch), das jegliches Verständnis der Volksseele vermissen ließ ... Die Rolle, die unsere höheren Vorgesetzten in den fraglichen Tagen gespielt haben, kann mir keine Achtung abzwingen ... In der Befehlsstelle Potsdam der Reichswehr-Brigade habe ich politischen Sinn, Gefühl für das unbedingt erforderliche Zusammenarbeiten mit anderen Bevölkerungsschichten völlig vermisst ... der Standpunkt, einfach zu tun, was befohlen wird, reicht in solchen Zeiten einfach nicht aus« (Zitat Fritz Lindemann/Tagebuch in: Sie gaben ihr Leben, S. 19).

»Zwangsläufig musste sich Lindemann mit der seinerzeitigen revolutionären Entwicklung in Europa auseinandersetzen. Auch hinsichtlich der sozialen Widersprüche in Deutschland bewahrte er einen klaren, kritischen Blick ... im Oktober 1920 bezeichnete er die

Positionierung der Linken in der USDP (Unabhängige Sozialdemokratische Partei Deutschlands) als Anhänger unentwegter, öder Verneinung … Was soll die stärkste Kraft, wenn sie nur zerstört? Andererseits ahnte er wohl die Berechtigung gesellschaftlicher Veränderungen …: Gestern war ich in Berlin in verschiedenen Lokalen der Lebewelt. So nett es war, so empfinde ich doch einen Gegensatz, fast Hass gegen diese Schmarotzer des Lebens, diese Drohnen der Gesellschaft. Ich kann die Stimmung des Arbeiters gut verstehen, wenn er Derartiges sieht« (Der vergessene Verschwörer, S. 19).

Fritz Lindemann ist in regem Gedankenaustausch mit Georg von Weitersheim. Die Freunde diskutieren Fragen der Ethik, suchen ihre Position, sich selbst. 1921 vertraut er seinem Tagebuch an: »Ob ich je etwas leisten darf für die Allgemeinheit? Ich habe die Kläglichkeit meines eigenen Willens kennengelernt. Ich bedarf der Stütze durch … das Gute, sonst schaffe ich es nicht. In diesem Sinne bleibt das genüge dir selber zu Recht zu bestehen. Niemals aber werde ich dieses Wort als Mahnung zu der abgeklärten, mir durchaus verhassten Ruhe des Stoikers auffassen, da ich in ihr das Zeichen einer epigonischen Zeit erblicke. Denn der wahrhaft starke Mann und das starke Volk haben Leidenschaften und ringen mit ihnen, und sie schmieden sie unter dem fauchenden Feuer der Esse« (Der vergessene Verschwörer, S. 20/21).

Vier Monate später sieht er klarer: »Eine anstrengende Zeit liegt hinter mir. Wenig nur habe ich schlafen können, da mich Gedanken über Gedanken plagten. Gedanken absonderlicher Art, selbstquälerisch, grübelnd. Und doch ist das Leben so schön. Mehr muss ich mich auf meine Pflichten besinnen, Pflichten der Menschheit gegenüber« (Der vergessene Verschwörer, S. 20/21).

Zur selben Zeit tritt Lina von Friedeburg in sein Leben. Die junge Frau aus Potsdam verzaubert den attraktiven Offizier – sie heiraten am 2. Oktober 1922 in der Potsdamer Garnisonskirche. Lina, die »Herzensfrau«, wie Lindemann sie in seinen Briefen ansprechen wird, ist Tochter des preußischen Generalleutnants a. D. Fritz von Friedeburg, der Kommandeur der 2. Garde-Infanterie-Division und Flügeladjutant des Kaisers gewesen war.

Auszüge aus dem handschriftlichen Tagebuch von Fritz Lindemann finden sich im Anhang. Manche Passagen sind unleserlich (s. Fragezeichen).

Die junge Familie lebt in Potsdam, am 16. Juli 1923 wird Sohn Friedrich geboren, ein Jahr später am 9. Oktober Georg. Fritz Lindemann wird nun zum Generalstabsoffizier ausbildet – er gehört zu den besten der Auszubildenden. Gleichzeitig studiert er an der Universität Berlin Wirtschaftswissenschaften. Er arbeitet im Reichswehrministerium als Nachrichtenexperte, 1926 wird er in die Wehrmachtsabteilung dieser Behörde abkommandiert, wieder als Pressereferent und Beobachter des Parlaments. Das Ressort arbeitet ab 1929 unter der Führung von Generalmajor Kurt von Schleicher als eigenständiges Ministerium im Reichswehrministerium, zwangsläufig ziehen politische Entwicklungen nicht

spurlos an Lindemann vorbei: Von Schleicher, mit dem
Lindemann in familiärer Freundschaft steht, ist nun be-
fugt, den Reichswehrminister in bestimmten Fragen in
der Regierung und im Reichstag zu vertreten, gewinnt
militärpolitischen Einfluss. Der junge Generalstabsoffizier findet sich inmitten politischen Kalküls. Sowohl
vor Hitlers Machtergreifung 1933 als auch danach stellt
Lindemann jedes parteipolitisches Handeln innerhalb des
Militärapparates in Abrede: »Mit allen Kräften soll die
politische Betätigung vom Heere ferngehalten werden,
denn politische Kämpfe vertragen sich weder mit dem
Geist der Kameradschaft noch mit Disziplin« (Sie gaben
ihr Leben, S. 22). Die Euphorie, die sich in weiten Teilen der deutschen Bevölkerung in den darauffolgenden
Monaten breitmacht, betrachtet Lindemann mit Distanz,
die Aufrüstungsbemühungen des Führers allerdings befürwortet er wie fast alle hohen Militärs; er begrüßt die im
März 1935 gegen die in den Versailler Verträgen unter-
sagte, jetzt wieder eingesetzte Wehrpflicht.

Am 19. Februar 1934 wird der ehrgeizige Offizier zum
dritten Mal Vater: Ein Mädchen! Marie-Luise!

Biographen beschreiben Fritz Lindemann als »Offizier
der alten Schule«, gerüstet mit Anstand und Moral, Ver-
antwortungsbewusstsein und Loyalität. Er möchte »der
militärischen Sicherung Deutschlands dienen« (Der vergessene Verschwörer, S. 22), verwahrt sich aber mit Nach-
druck der jetzt überall verbreiteten Preisungen auf die
Nazipartei und deren Führer, auf deren Lobgesänge und
Ausschließlichkeitsanspruch.

Die Ermordung Kurt von Schleichers im Zusammenhang mit der Röhm-Affäre 1934 (Adolf Hitler ordnet die Liquidierung der Führungskräfte der SA einschließlich von Schleicher und Ernst Röhm an / Wikipedia) erschüttert Lindemann. Erhebliche Zweifel am Nationalsozialismus begleiten den manierlichen Soldaten, »innere Widersprüche« nicht minder. Er sehnt sich nach einem ehrlichen Leben. Mittlerweile zum Oberst befördert, kehrt er 1938 in der Konsequenz dem Militär den Rücken und arbeitet als militärpolitischer Redakteur bei den Kieler Nachrichten und beim Hamburger Fremdenblatt. Dazu beigetragen hatte auch eine Liebesaffäre in den Jahren 1937 und 1938; der als smarter Gentleman geltende Soldat wurde am 1. Juni 1938 durch das Heerespersonalamt als Stabsoffizier zur Verfügung des Oberbefehlshabers des Heeres gestellt. Am 31. Juli scheidet er offiziell aus dem aktiven Wehrdienst aus. Er wird Mitglied der NSDAP, um seine neue Tätigkeit ausüben zu können.

Lindemann gefällt sich im Journalismus: Obwohl Anweisungen des Reichspropagandaministeriums seine Arbeit jetzt maßgeblich beeinflussen, verfolgt er weiter seine militärpolitischen Ansichten. Erst jetzt merke er, mit welchen Scheuklappen er herumgelaufen sei (Der vergessene Verschwörer, S. 22).

Lindemann befürwortet weiter ein starkes Heer zur Verteidigung des Landes, lehnt dessen Missbrauch in einem Angriffskrieg jedoch strikt ab, kurz vor Ausbruch des Zweiten Weltkrieges erläutert Lindemann seinem langjährigen Freund Brigadegeneral a. D. Crome

ausführlich, dass ein solcher Krieg nie gewonnen werden
könne (Sie gaben ihr Leben, S. 21).

Der Ausflug in den Journalismus endet im Frühsommer
1939, pflichtbewusst tritt er seinen Dienst in der Wehrmacht an, am 1. September marschieren deutsche Soldaten in Polen ein. Fünf Wochen später sieht er sich als
Stadtkommandant von Chelm nahe Lublin im östlichen
Nachbarland zum ersten Mal klar den völkermordenden
Herrenmenschen gegenüber: »Unsere Zivilverwaltung
versagte bisher völlig ... Es gibt keine Richtlinien auf
irgendeinem Gebiet ... – eine völlige Pleite ... Der neue
Generalgouverneur von Polen, Herr Frank, hat seine Tätigkeit mit einer recht törichten Proklamation begonnen.
Man gewinnt die Bevölkerung nicht, wenn man auf die
polnische Regierung schimpft, sondern man verletzt den
durchaus vorhandenen Nationalstolz. Kein Soldat, der den
Feldzug mitgemacht hat, hätte so etwas Dummes ver-
öffentlicht. Das Echo kommt uns hier, wo wir alle etwas
Fühlung mit der Bevölkerung genommen haben, schon zu
Ohren. Aber diese Heimat-Strategen wissen ja alles« (Der
vergessene Verschwörer, S. 24). Lindemann, denkt nicht
nur an seine Truppe, sondern an den besiegten Gegner.
Das Anständige in ihm, seine Klarheit und Ritterlichkeit
stehen im großen Widerspruch zur nationalsozialistischen
Kriegsmaschinerie.

Zweifel

Im Januar 1940 schreibt er seiner Frau Lina: »Ich glaube nicht mehr so ohne Weiteres an die Entschlüsse unserer oberen Führung, eher an die zwingende Gegebenheit des Wetters und sonstiger Faktoren, die der stärkste Wille nicht verändern kann, mit denen Politiker vom Schlage Bismarcks aber von vornherein gerechnet hätten. Denn Bismarck hat die Politik als die Kunst des Möglichen bezeichnet, nicht des Unmöglichen. Ich sehe einige Schatten unserer Geschichte aufsteigen, … und ich bereite mich in voller Ruhe auf die Möglichkeit eines ungünstigen Ausgangs dieses Krieges vor, der uns nur ein verstümmeltes Preußen lassen würde. … Ich glaube nur, dass die ganze Geschichte nicht lange dauern kann, jeden falls nicht vier Jahre. Das dürften wir nicht aushalten« (Der vergessene Verschwörer, S. 23).

In den Folgemonaten nimmt er sich gedanklich komplett zurück, er gilt als hervorragender Truppenführer und militärischer Könner in der Kriegsmaschinerie, immer auf geringe Verluste bedacht. Und natürlich stets im Bewusstsein, dass Zuwiderhandlungen mit dem Tode geahndet werden. Als die deutsche Wehrmacht am 22. Juni 1941 in Russland einmarschiert, ist Fritz Lindemann inzwischen

33

Oberst und Artilleriekommandeur bei der Heeresgruppe Süd. Das Unternehmen Barbarossa steht für die machtpolitisch, wirtschaftlich und rassenideologisch motivierte Vernichtung der Sowjetunion. Anfangserfolge vernebeln die Dimension des Angriffs. »Lindemann kommandiert im August 1941 eine 3.100 Mann starke Vorausabteilung in Nikolajew, die den Rückzug russischer Truppen über diesen Schwarzmeerhafen verhindert« (Der vergessene Verschwörer, S. 25). Dafür wird er mit dem Ritterkreuz ausgezeichnet.

Zwei Monate später erhält der Offizier ein Angebot des Hamburger Fremdenblattes: Nach dem Krieg soll er dort Stellvertretender Chefredakteur werden. Wieder melden sich starke Zweifel, er sehnt sich nach einer zivilen Tätigkeit, Lina schreibt er am 14. Oktober: »Wenn man so eine Gelegenheit hat wie ich, das gegenseitige Hin und Her zwischen den Generalen zu beobachten, … so fühle ich mich dazu nicht besonders hingezogen« (Der vergessene Verschwörer, S. 25). Auf der Halbinsel Krim wird Lindemann verletzt, aus dem Lazarett wird er seiner Frau gegenüber deutlicher: »… die Truppen pfeifen mit allem aus dem letzten Loch … Man macht sich allmählich über diesen Krieg und Kriegsführung im Allgemeinen so seine Gedanken, aber das darf man nicht schreiben … Ich glaube, nach diesem Krieg bin ich Pazifist« (Der vergessene Verschwörer, S. 26).

Im Januar 1942 wird er zum Generalmajor befördert, wenig später erhält er das Kommando über die 132.

Infanteriedivision, die in schweren Kämpfen auf der Krim und Sewastopol erhebliche Verluste erleidet – der Endsieg ist Utopie. Im Herbst steigen die Opferzahlen ins Unverantwortliche, den Zustand der Truppe beschreibt er am 10. Oktober 1942 in einem Bericht: »Auf meine Bemerkung, ich wüsste von einem Bataillonsführer und einem Kompanieführer, dass sie ihre Leute mit der Pistole in der Hand zum Vorgehen veranlassen müssen, erklärten mir zwei Bataillonsführer, das sei nahezu täglich nötig. Vielfach seien außerdem Fußtritte nötig, um die Leute überhaupt zum Aufstehen zu bringen … Es ist mehrfach beobachtet worden, dass die Leute die Waffen nicht anwenden und zum Beispiel den Befehl zur Aufnahme des MG-Feuers nicht ausführen, sondern voller Apathie das Gesicht auf den Boden gedrückt alles passiv über sich ergehen lassen« (Der vergessene Verschwörer, S. 26/27).

Bis Oktober 1942 hat Lindemanns Division seit der Invasion in Russland insgesamt 19.735 Mann verloren.

Hitler hält an seinen mörderischen Plänen fest, Fritz kämpft weiter. In »Anerkennung seiner Verdienste« macht Lindemann 1943 erstaunliche Karriereschritte, im Dezember des gleichen Jahres wird er schließlich zum General der Artillerie und zum Waffengeneral ernannt. Damit überrundet er nicht nur 250 Generalleutnante, er steht jetzt im Zentrum der Macht, hat Kontakte zu einflussreichen Offizieren, Beamten und Großindustriellen. In einem Brief an seinen Sohn Fritz schreibt er: »… Jedenfalls bin ich mit dieser Lösung aus den verschiedensten Gründen sehr zufrieden« (Sie gaben ihr Leben, S. 35).

Die neue Stellung im Fokus der Macht stellt alle Weichen für die Zukunft, befeuert aber auch Widerstände und Zweifel Lindemanns. Im Waldhaus »Jägerhöhe« im ostpreußischen Angerburg, nur 18 Kilometer von Hitlers Kommandozentrale »Wolfsschanze« entfernt, ist er maßgeblich an der Organisation der gesamten deutschen Artillerie und deren Einsatzmöglichkeiten beteiligt und trifft im Generalstab des Heeres künftige Mitstreiter des militärischen Widerstandes.

Widerstand

Der Weg ist eingeschlagen: Bereits im September 1943 berichtet er seinem Sohn Georg bei einem Besuch in der Marineschule in Glücksburg, »dass es eine Gruppe von Offizieren und anderen Männern in Deutschland gebe, die an einem Umsturz arbeiten. Es komme ihnen darauf an, Hitler, Göring und Himmler zu beseitigen, die Macht zu übernehmen und den Einfluss der SS, Gestapo und NSDAP zu eliminieren und zu versuchen, mit den Gegnern in diesem Krieg zu einem einigermaßen tragbaren Übereinkommen zu gelangen« (Der vergessene Verschwörer, S. 30). Der General bricht in diesem Zusammenhang das weit verbreitete Schweigen – vor allem unter Militärs, über den Holocaust, er spricht von »anderen Dingen, die mir bis dahin verborgen geblieben waren. Verbrechen gegen die Menschlichkeit in einem bis dahin unvorstellbarem Ausmaß« (Georg Lindemann, Vierzig Jahre danach, S. 29 f.).

Sicher ist, dass der General weit vor seiner Versetzung zum Oberkommando des Heeres im Herbst 1943 mit der Gruppe der Verschwörer des 20. Juli 1944 in Verbindung stand: »Daran dürfte Generalmajor Henning von Treskow maßgeblich beteiligt gewesen sein, der mit dem ältesten

Bruder von Lina Lindemann eng befreundet war und die Fritz Lindemanns Familie gut kannte« (Wolfgang Welkerling, Ein Wehrmachtsgeneral auf dem Weg zum Antifaschisten, S. 801).

»Die krisenhafte Entwicklung der deutschen Kriegsführung an allen Fronten beunruhigte General Lindemann außerordentlich. Ein späterer Gestapo-Bericht besagt, er habe Oberst Hellmuth Stieff schwerste Sorgen über die militärische Situation vorgetragen, und zwar mit den Argumenten, wie er sie damals immer wieder vom Armeebefehlshaber bis zum Regimentskommandeur zu hören bekommen habe. Stieff hat Lindemann an General Friedrich Olbricht verwiesen. Das Ergebnis war, dass Lindemann seitdem rückhaltlos für die … Verschwörer eintrat. Damit handelte er konsequenter als jene, die trotz gleicher Erkenntnisse dem faschistischen Regime bis in den Untergang dienten. Allerdings machte er wie auch die anderen Verschwörer einen längeren Entwicklungsprozess durch, bevor er zur letzten Konsequenz entschlossen war« (Wolfgang Welkerling, S. 801).

Außerdem aktiviert der General jetzt alle früheren Kontakte, die ihm für die Verschwörung nützlich erscheinen. »Durch den Luftwaffen-Oberst Hans Gronau, Wirtschaftsoffizier im Wehrkreiskommando III / Berlin, wurde er mit dem ehemaligen Reichswirtschaftsminister Hjalmar Schacht bekannt gemacht« (Wolfgang Welkerling, S. 803). Im Herbst 1943 und im Frühjahr 1943 trifft er Schacht. Dieser allerdings hat andere Motive: »Im

Nürnberger Kriegsverbrecherprozess sagte Ankläger Robert H. Jackson dazu: »Schacht kämpfte immer um seine Stellung in dem Regime … Als das Ende des Regimes heraufdämmerte und er sich mit ihm entzweite, geschah dies aus taktischen und keineswegs aus grundsätzlichen Erwägungen. Von dieser Zeit an unterließ er es nicht, andere zu drängen, Stellung und Kopf zu riskieren, um seine Absichten zu fördern, setzte aber bei keiner Gelegenheit seinen Kopf aufs Spiel.«

Dem Internationalen Militärtribunal beantwortete Gronau die Frage, was Lindemann von Schacht erwartet habe und wie sich dieser gegen jenen verhalten habe: Die Aufnahme der politischen Beziehungen zum Auslande nach geglücktem Attentat. Er sagte seine spätere Mitarbeit zu. Anfang 1944 machte er Lindemann schwere Vorwürfe, dass die Generäle zu lange zögerten. Das Attentat müsse vor der Landung der Alliierten geschehen. Die Meinungen prallten immer härter aufeinander. Im Stuttgarter Entnazifizierungsverfahren gegen Schacht schilderte Gronau ein weiteres Gespräch: Am 21. April 1944, als Lindemann wieder von der Front in Dienstgeschäften in Berlin war, kamen Lindemann und Schacht wiederum im Hause von Frau Gronau unter sechs Augen zusammen. Schacht nahm die Gelegenheit wahr, um General Lindemann so scharf zuzusetzen und ihn und seine Kameraden zu höchster Eile anzuspornen, dass ich ernstlich die Gefahr eines persönlichen Zusammenstoßes befürchtete, vermittelnd dazwischentrat, da Schacht die Generalität wegen ihrer schlappen Haltung so heftig angriff und kritisierte, dass ich befürchten musste, Lindemann würde sich zu stark selber getroffen fühlen« (Wolfgang Welkerling, S. 803). Fritz Lindemann beendet diesen Kontakt.

Zur Enttäuschung wird auch der Großindustrielle Friedrich Flick. Mehrmals treffen Lindemann und Flick aufeinander, der Unternehmer allerdings ist mehr an der Sicherung seiner Besitztümer interessiert und sucht die Nähe des Stauffenbergkreises lediglich aus der Furcht heraus, in Berlin würde eine Volksfrontregierung entstehen. Flick verspricht dem General eine Führungsposition in seinem Konzern; als Lindemann nach dem gescheiterten Attentat im Sommer 1944 vor der Gestapo flieht, versagt ihm Flick jede Hilfe.

Kurz vor Weihnachten 1943 formiert sich der Widerstand endgültig gegen das NS-Regime unter hochrangigen Militärs, einer von ihnen ist General Lindemann. »Die Verschwörer müssen unter schwierigen Bedingungen strengster Geheimhaltung ein Mosaik an unterschiedlichsten Aufgaben lösen, wenn der geplante Umsturz auch nur eine minimale Aussicht auf Erfolg haben soll: Der spätere Walküre-Plan – eine Art Leitfaden, wie das Militär im Falle eines Aufstandes zum Beispiel durch ausländische Zwangsarbeiter zu handeln hat – muss unauffällig auf die Verschwörung zugeschnitten werden. Es gilt die verschiedenen Widerstandskreise – militärisch, zivil, christlich, konservativ, sozialdemokratisch-gewerkschaftlich zusammenzuführen und sich auf eine gemeinsame Übergangsregierung zu einigen. Wie schwierig alleine diese Aufgabe ist, zeigt sich an der zermürbenden

Grundsatzüberlegung, ob Hitler getötet oder abgesetzt und vor ein Gericht gestellt werden sollte. Auch das Attentat selber stellt die Verschwörer vor eine riesige Herausforderung angesichts der hohen Sicherheitsvorkehrungen um den Führer und die Notwendigkeit, Himmler und Göring möglichst gleich mit auszuschalten« (Geisterkinder, S. 52).

Die Katastrophe

Weihnachten 1943 verbringt Marie-Luise das letzte Mal gemeinsam mit den Eltern auf Burg Namedy. Sie erinnert sich: »Das Weihnachtsfest in Hamburger Zeiten war sehr besonders bei uns, ausgesprochen feierlich. Vor der Bescherung machten wir immer zusammen mit meinen Brüdern Fritz und Georg einen langen Spaziergang von der Maria-Louisen-Straße zum Innocentia-Park und zurück. Diesmal kam mein Vater zusammen mit meiner Mutter auf die Burg. Die Stimmung am Heiligen Abend war merkwürdig. Vater nahm mich an die Hand und platzierte mich neben sich auf einem Sofa im großen Salon: Komm, setz dich zu mir! Wir saßen dort den ganzen langen Abend. Ohne meine Brüder; die waren ja schon eingezogen worden. Da war ich knapp zehn, heute bin ich 91 und ich erinnere seine Nähe sehr genau. Es war das letzte Mal, dass ich ihn erleben durfte. Am nächsten Morgen war Vater verschwunden und Mutter auch. Sie hatten mir das ein weiteres Mal nicht angekündigt oder erklärt, auch später nicht, sie waren wie schon so oft zuvor einfach weg. Nie hatten sie gewusst, was in mir vorgeht und umgekehrt wusste ich nichts von ihnen.

Von meinem Vater hatte ich all die Jahre nicht die geringste Ahnung. Nie hat er mir gegenüber irgendwelche kritischen Anmerkungen gemacht und seine Verzweiflung über das in Deutschland wuchernde Unrecht, das ganz Europa überziehen sollte, geäußert. Auch viele Jahre später hat niemand etwas erklärt oder gefragt. Es wurde geschwiegen. Und weiter geschwiegen. Aber man denkt ja lieber an die Zukunft als in der Vergangenheit.«

Noch vor Jahreswechsel erhält Lina, wieder in Hamburg, von ihrem Mann folgende, vielsagende Zeilen: »Ich glaube, dass ich in den Weihnachtstagen einen sehr ernsten, vielleicht sogar etwas gedrückten Eindruck gemacht habe, da einem ständig viel durch den Kopf geht. Aber jetzt bin ich innerlich viel ruhiger, auf alles gefasst, niemals gewillt, die Flinte ins Korn zu werfen« (Der vergessene Verschwörer, S. 35).

Obwohl seine Truppen in Ostpreußen stationiert sind, reist der General und pflegt Kontakte verstärkt zu bürgerlichen Widerstandsgruppen im ganzen Land und nutzt diese im Interesse der Staatsstreichvorbereitungen. 1947 wird Lindemann bei einem Verhör als ziviler Mittelsmann beschrieben: »Lindemann ist derjenige gewesen, der die Fäden hatte zum zivilen Sektor, während die anderen davon wenig gewusst haben ... Das war die Spitze, bei der die Fäden zusammenliefen« (Der vergessene Verschwörer, S. 35). Niemand schöpft Verdacht, zumal Hitler im März sein Hauptquartier auf den Obersalzberg im Berchtesgadener Land verlegt; Reisen und Treffen lassen sich bestens verschleiern. Lindemann bleibt stets diskret, loyal, fast verschlossen, hinterlässt keine Spuren – eine

Tugend, die ihm viele Jahre später den Ruf als vergessenen Verschwörer einbringt.

Dann wird General Lindemann konkret: Im Januar 1944 berichtet Lindemann in Gotenhafen seinem Sohn Georg »von den Gräueltaten an den Juden und auch von dem, was die Alliierten ‚unconditional surrender' (bedingungslose Kapitulation) nannten« (Georg Lindemann, Vierzig Jahre danach, S. 29 f.). Während eines Besuchs in Mürwik/Dänemark erklärt er Ende März 1944 dem damals 17-jährigen Georg: »... die Beseitigung Hitlers ist eine Verpflichtung für jeden, der die Situation Deutschlands und die Verbrechen seiner Führung überschauen kann und an Deutschland und seine Zukunft denkt ... und: dass, wenn überhaupt die Sache gestartet wird, es bald sein muss, da es sonst zu spät ist« (Sie gaben ihr Leben, S. 43). »Im Urteil des faschistischen Volksgerichtshofes (gegen seinen Sohn Georg) hieß es zu diesem Gespräch: Und auf des Sohnes Frage, ob man das denn so laufen lassen solle, antwortete er: nein; es gebe drei theoretische Möglichkeiten: den Sieg, dazu sei ein Wunder nötig, und an Wunder glaube er nicht; die Niederlage: dann könnten sie alle betteln gehen; einen Kompromissfrieden: über seine Möglichkeit habe er mit den Männern im OKW gesprochen; da gebe es das Seydlitz-Komitee, hier sei vielleicht eine Möglichkeit. Freilich werde der Feind mit der jetzigen Regierung nicht verhandeln. Aber die Männer seien da; die würden dann die Macht übernehmen. Die vollziehende Macht würde dann bei der Wehrmacht sein, es werde Standrecht herrschen« (Wolfgang Welkerling, S. 803).

Im Mai 1944 wird der General an die desaströse Ostfront entsandt, die Krim ist nicht mehr zu halten – 85.000 Soldaten sollen auf dem Seeweg evakuiert und zunächst in Rumänien untergebracht werden. Nur 29.000 Mann erreichen das Zwischenziel.»Unter diesem Eindruck verstärkte Lindemann seine Aktivität zur Vorbereitung des Umsturzes. Fast täglich erfolgten Zusammenkünfte mit Stauffenberg, Olbricht, Stieff, dem Berliner Polizeipräsidenten Wolf Heinrich Graf von Helldorf und dem General der Artillerie Eduard Wagner, mit dem er dienstlich und räumlich eng zusammenarbeitete« (Wolfgang Welkerling, S. 804). In den acht Wochen vor dem Attentat ist Lindemann nur noch für »die Sache« unterwegs, dienstliche Aufgaben verknüpft er geschickt mit seinen persönlichen Plänen. Er trifft Offiziere, mit denen er jahrzehntelang bekannt oder befreundet war. Mit Wagner diskutiert er die Liquidierung Hitlers, eine darauffolgende Regierungsbildung, nachrichtentechnische Maßnahmen und Sprengstoffe.

Am 30. Juni 1944 treffen sich Vater und Sohn Georg zum letzten Mal in Swinemünde (Georg absolviert hier einen Flaklehrgang), Georg erlebt den General in einer Klarheit wie selten zuvor: »Mein Vater sagte sich plötzlich an übers Wochenende. Er war auf der Fahrt vom Hauptquartier in Ostpreußen nach Berchtesgaden, wo eine Besprechung stattfinden sollte. Er war sehr nachdenklich und sehr ernst … Ich hatte meinen Vater vorher nicht so offen, so mitteilsam und gleichzeitig ausgeglichen gesehen. Die Würfel waren gefallen.« Er spricht von einer

Rückkehr der ganzen Familie nach Hamburg nach dem Krieg, für sich kann er sich eine Zukunft als Journalist sehr gut vorstellen. Seinen Söhnen Fritz und Georg empfiehlt er technische und kaufmännische Berufe, »wenn es dann überhaupt noch die Möglichkeit eines privaten Lebens geben wird« (Der vergessene Verschwörer, S. 40). »Zunächst aber würde er sich den Männern zur Verfügung stellen, die sich in Berlin bereits zu einer Verhandlung mit dem Gegner bereitgefunden haben« (Wolfgang Welkerling, S. 804).

Georg erinnert weiter: »Es war ein warmer Tag, als wir uns verabschiedeten. Es war ein Abschied, der auch die Möglichkeit einschloss, dass wir uns nicht mehr wiedersehen würden« (Die Enkel des 20. Juli 1944).

Abschied von der Burg

Marie-Luise: »Auf Namedy war nicht alles schlecht, am besten fand ich, wenn Mutter aus Hamburg zu Besuch kam, das war am schönsten. Aber nie hat sie mir gesagt, was wirklich los war. Niemand wollte mir auch am Morgen des 28. Juli 1944 erklären, weshalb sie plötzlich, oder, wie immer, ohne eine Ankündigung, ganz verschwunden war. Man muss Kindern die Wahrheit sagen, man muss die Wahrheit an die Kinder heranbringen, so dass sie es verstehen können; nicht belastend, aber so, dass es verständlich wird.

Dass meine Mutter am 27. Juli 1944 von der Gestapo nach langen Verhören im Gefängnis Andernach in das KZ Buchenwald verschleppt wurde, sollte ich erst Jahre später erfahren. Zum Zeitpunkt des Attentats am 20. Juli befand sie sich auf Namedy. Ihre Schwester Ilse-Margot war nach einem Unfall bettlägerig. Mutter kümmerte sich solange um deren Kinder und den Haushalt.«

Der 20. Juli 1944

Der 20. Juli 1944 ist ein Donnerstag, es herrschen hochsommerliche Temperaturen. General Fritz Lindemann befindet sich im Stab der Artillerie »Wilhelm« bei Wünsdorf südlich von Berlin. Er meldet sich krank, gegen 14.30 Uhr dieses Tages zündet General Schenk von Stauffenberg auf der Wolfsschanze eine Bombe. Einen zweiten Sprengsatz kann Stauffenberg aufgrund seiner Kriegsverletzungen an den Händen nicht scharf stellen. General Lindemann wartet »vergebens auf den Ruf aus Berlin, wo er über den Rundfunk die Aufrufe der neuen Regierung verlesen sollte. Danach war er für eine führende Funktion in deren Propagandaapparat vorgesehen« (Sie gaben ihr Leben, S. 46). Aufgrund seiner journalistischen Kenntnisse wäre es seine Aufgabe, einen von Generaloberst Ludwig Beck formulierten Text in der Nachrichtenzentrale »Zeppelin« zu veröffentlichen. Nach einem erfolgreichen Staatsstreich hätte er sich unter Polizei- und Militärschutz zum Funkhaus in der Hauptstadt begeben sollen.

Stattdessen verkündet Adolf Hitler am Nachmittag mit seiner gewohnt harschen Stimme über den Äther: »Deutsche Volksgenossen und -genossinnen! Ich weiß nicht,

zum wievielten Male nun mehr ein Attentat auf mich geplant und zur Ausführung gekommen ist. Wenn ich heute
zu Ihnen spreche, dann geschieht das aus zwei Gründen:
erstens damit Sie meine Stimme hören und wissen, dass
ich selbst unverletzt und gesund bin. Zweitens, damit Sie
aber auch das Nähere erfahren über ein Verbrechen, das
in der deutschen Geschichte seinesgleichen sucht. Eine
ganz kleine Clique ehrgeiziger, gewissenloser und zugleich verbrecherischer, dummer Offiziere hat ein Kom-
plott geschmiedet, um mich zu beseitigen und zugleich
mit mir den Stab praktisch der deutschen Wehrmachts-
führung auszurotten. Die Bombe, die von einem Oberst
Graf von Stauffenberg gelegt wurde, krepierte zwei Meter
zu meiner rechten Seite. Sie hat eine Reihe mir teurer
Mitarbeiter schwer verletzt, einer ist gestorben. Ich selbst
bin völlig unverletzt bis auf einige Hautabschürfungen,
Prellungen oder Verbrennungen. Ich fasse es als eine
Bestätigung des Auftrages der Vorhersehung auf, mein
Lebensziel weiterzuverfolgen, so wie ich es bisher getan
habe … Diesmal wird nun so abgerechnet, wie wir das
als Nationalsozialisten gewohnt sind« (Max Domarus,
Hitlers Reden und Proklamationen 1932–1945, S. 217 f.).

Lindemann wird zwei Tage später als Waffengeneral der
Artillerie abgelöst; zunächst von der Gestapo unbehelligt,
taucht er am Abend des 22. Juli 1944 ab. Mit der Bahn
fährt er nach Berlin, um dann bei seinem Onkel Max
Lindemann in Dresden unterzukommen. Das Ausmaß
der nun einsetzenden Hetzjagd auf die Verschwörer zeigt
die hasserfüllte, geradezu groteske Rede des Reichsleiters

der NSDAP, Robert Ley, am 22. Juli 1944, die im Deutschen Reichssender übertragen wird: »Ich habe genaue Meldung bekommen, wie es vor sich gegangen ist: Eine Mine allerschwerster Art, von England importiert, keine deutsche Mine, wurde geworfen. Der Jude von Moskau befahl und England und seine Lords lieferten die Bombe und deutsche Grafen und adelige Verschwörer warfen sie. Schweinhunde kann man hier wirklich nur sagen. Blaublütige Schweinehunde, Narren und Idioten, Verbrecher und Mörder, Reaktionäre … Degeneriert bis in die Knochen, blaublütig bis zur Idiotie, bestechlich bis zur Widerwärtigkeit und feige wie alle gemeinen Kreaturen, das ist die Adelsclique, die der Jude gegen den Nationalsozialismus vorschickt … Dieses Geschmeiß muss man ausrotten … Es genügt nicht, die Täter allein zu fassen … Man muss die ganze Brut ausrotten« (Geisterkinder, S. 67).

Am 30. Juli 1944 findet im Führerhauptquartier Wolfsschanze eine Besprechung zwischen Reichsführer-SS Heinrich Himmler und dem Chef des Oberkommandos der Wehrmacht, Generalfeldmarschall Wilhelm Keitel, vor Hitler statt, in der das weitere Vorgehen gegen die Männer des 20. Juli und ihre Angehörigen beschlossen wird. An den Vorgaben bei der rachsüchtigen Verfolgung seiner Gegner lässt es Hitler an Deutlichkeit nicht fehlen: »Diesmal werde ich kurzen Prozess machen. Diese Verbrecher (…) sollen nicht die ehrliche Kugel bekommen, sie sollen hängen wie gemeine Verräter! Ein Ehrengericht soll sie aus der Wehrmacht ausstoßen, dann kann ihnen als

Zivilisten der Prozess gemacht werden ... und innerhalb von zwei Stunden nach der Verkündung des Urteils muss es vollstreckt werden« (Die Enkel des 20. Juli 1944, S. 9). Himmler wird noch präziser: »Wenn einer ein Schwein im Militär ist oder seine Ehre verloren hat, dann wird ihm die Pistole geschickt, er hat ein oder zwei Stunden Zeit, dann verschwindet er. Diese Verbrecher werden aus der Wehrmacht ausgestoßen und kommen vor den Volksgerichtshof. Die sollen nicht die ehrliche Kugel bekommen, die sollen hängen wie gemeine Verräter! Und innerhalb von zwei Stunden nach Verkündigung des Urteils muss es vollstreckt werden! Die müssen sofort hängen ohne jedes Erbarmen. Und das Wichtigste ist, dass sie keine Zeit zu langen Reden erhalten dürfen« (Peter Hoffmann, Widerstand, Staatsstreich, Attentat, S. 647). Hitler persönlich verfügt, dass den Attentätern geistlicher Beistand versagt bleibt.

Diese Prozesse beginnen Anfang August 1944 unter dem Vorsitz von Präsident Roland Freisler, bekannt für seine hasserfüllten, menschenverachtenden Hasstiraden während der Verhandlungen. Die Angeklagten kommen nur kaum zu Wort oder werden niedergeschrien.

Sippenhaft

Anfang August 1944 verhängen SS-Reichsführer Heinrich Himmler, nach Hitler der zweitmächtigste Mann im Deutschen Reich, und Gestapo-Chef Heinrich Müller die Sippenhaft: »Sie wird in den Verhören als wirksame Foltermethode eingesetzt, um die Verschwörer zum Reden zu bringen. Wie viel schwerer ist es zu schweigen, wenn man weiß, dass auch die eigene Familie der Willkür der Gestapo ausgeliefert ist. Gleichzeitig werden die Menschen, die den Attentätern am nächsten stehen und somit der Opposition ein Gesicht geben, aus dem Verkehr gezogen« (Geisterkinder, S. 135). Bengt von zur Mühlen schreibt dazu in »Der vergessene Verschwörer«: »Zu den perfidesten Erfindungen des Naziregimes gehört die Sippenhaft. Sie war einerseits Ausdruck einer verquasten theoretischen Vorstellung über die Rolle der Sippe im Volk, über erbbiologische Zusammenhänge usw. Zugleich war sie Produkt der Erfahrung in Auseinandersetzung mit dem Widerstand. Immer wieder erwies sich die Familie als letzte Bastion, auf die sich die Widerstandskämpfer zurückziehen konnten. Verwandtschaftliche Beziehungen waren oft weltanschauliches Hinterland, Ausgangs- und Anknüpfungspunkt für Aktivitäten gegen die Nazis, wenn andere Strukturen bereits zerschlagen waren. Angesichts

der emotionalen Beziehungen zwischen Familien-
mitgliedern eignete sich die Sippenhaft oder die Gefahr,
dass sie verhängt werden könnte, als Druckmittel gegen
jede gegen das nationalsozialistische Regime gerichtete
Aktivität.«

Hitlers Rache geht noch weiter, auch die Familien,
Freunde oder Nachbarn der Verschwörer sollten verfolgt
und bestraft werden. Dazu hatte Heinrich Himmler ein
besonders perfides Projekt ersonnen: Am 3. August brüllt
er während einer Radioansprache: »Die Sippenhaft zielt
darauf ab, die Familien zu vernichten, die Kinder zu ent-
führen, die Eltern, Brüder und Schwestern in Gefängnisse
und Konzentrationslager zu verschleppen … Ich bin fest
dazu entschlossen, jedem Würzelchen nachzugehen« (Mit
meinem Schicksal kann ich nicht hadern, S. 95). Robert
Ley wütet noch lauter: »Es genügt nicht, die Täter allein
zu fassen und unbarmherzig zur Rechenschaft zu ziehen,
man muss auch die ganze Brut ausrotten« (Die Enkel des
20. Juli, S. 15). Dafür verdreht Himmler zu seinen Guns-
ten germanische Sagen: »Wenn sie eine Familie in die
Acht taten, oder wenn eine Blutrache in einer Familie
war, dann war man maßlos konsequent, dann sagten sie:
Dieser Mann hat Verrat geübt, das Blut ist schlecht, da
ist Verräterblut drin, das wird ausgerottet bis zum letzten
Glied in der ganzen Sippe … Wir werden bei all den
Familien, von denen maßgeblich ein Glied an dieser Verschwörung beteiligt war, ihr Eigentum, ihren Grundbesitz
einziehen … Wenn man jetzt 30 oder 40 solcher Güter
einzieht, dann werden wir so etwas an Treue und Loyalität

erleben! Was die anderen nun an Treue und Loyalität zeigen werden, haben wir noch nie gehabt! Sie können sicher sein, die letzte Tante Frieda in irgendeinem Geschlecht wird jetzt ihren Neffen oder ihren Sohn vornehmen und sagen: Dass du deinen Eid hältst, du bringst sonst die ganze Familie in Gefahr. Wir werden gut dabei fahren« (Vierteljahreshefte für Zeitgeschichte, Jg. 1953, S. 376 f.).

Jede Maßnahme rechtfertigt jetzt den Verrat am Führer: Im Rahmen der Verhaftungswellen werden Vermögen und Grundbesitz beschlagnahmt, Witwenrenten gestrichen. Sofern nicht in Massengräbern verscharrt, müssen die Zurückgebliebenen selbst für die Beisetzungskosten der liquidierten Verschwörer aufkommen. Den Witwen ist untersagt Trauer zu tragen; natürlich obliegt ihnen Stillschweigen in allen Angelegenheiten. Todesanzeigen sind verboten. Nicht nur das Leben der Verschwörer, sondern auch das der Angehörigen ist in großer Gefahr.

Im Zuge der Sippenhaft – Haftbefehle sind nicht erforderlich, es werden rund 700 Personen verhaftet (Irmgard von zur Mühlen, General Fritz Lindemann und seine Helfer, S. 118). Die von Himmler im Blutrache- und Verrat-Jargon formulierte Einschüchterungstaktik ist tiefgreifend: »Wir werden aber – und das ist sehr wichtig – bei all den Familien, bei denen ein Glied maßgeblich an dieser Verschwörung und an dieser Meuterei und Untreue beteiligt war, ihr Eigentum, ihren Grundbesitz einziehen, ihnen den nehmen« (Geisterkinder, S. 136). Von der Sippenhaft kann niemand begnadigt werden, für die Durchführung beziehungsweise Inhaftnahme gibt es keine Bestimmungen,

Willkür und Verwirrung sind üblich. Mit dieser Regelung hatte Himmler weiter auch bestimmt, dass besonders Nachkommen der Familien Hoepner, Lindemann und Wagner wegen ihrer »reaktionären Einstellung« mit Härte zu begegnen sei. So verurteilt der Volksgerichtshof in zwei abgetrennten Verfahren auch die beiden Söhne Fritz und Georg von General Fritz Lindemann am 14. November 1944 und am 22. Januar 1945 zu fünf beziehungsweise sieben Jahren Zuchthaus, angeklagt des Hoch- und Landesverrats sowie der Wehrkraftzersetzung (Felicitas von Aretin, S. 17).

Dresden – Berlin

Eigentlich will der General bei seinem Vetter Herrmann unterkommen. Er kann ihn nicht erreichen. Fritz sucht Onkel Max' Ehefrau Elsa auf. Diese erinnert sich: »Gegen 22.30 Uhr traf Fritz Lindemann in unserer Wohnung ein. Fritz Lindemann war in Zivil und machte auf mich einen bedrückten Eindruck. Er war nicht mehr derselbe wie früher. Er sagte zu mir und meinem Mann, dass er von Berlin käme und mit der Angelegenheit vom 20. Juli 1944, dem Führerattentat, nichts zu tun habe. Er sei zur Führerreserve versetzt und habe gegenwärtig Urlaub. Diesen wollte er ausnützen und über Dresden – Besuch bei Herrmann Lindemann – nach Leipzig und Hamburg fahren. Ich bereitete ihm unterdessen das Zimmer meines Sohnes, in dem er vier Nächte bis zum Mittwoch, den 26.7.1944, geschlafen und gewohnt hat« (Der vergessene Verschwörer, S. 55). Erst am 25. Juli kann Fritz Onkel Herrmann erreichen. Dieser ist sofort hilfsbereit, rät Fritz wieder nach Berlin zurückzukehren. Dort sei es sicherer, zahlreiche Oppositionelle und Sympathisanten der Widerständler halten sich dort versteckt. Ohne Papiere reist Fritz wieder in die Reichshauptstadt. Auf Vermittlung von Herrmann Lindemann und Hans Sierks gelingt es Fritz am 29. Juli 1944 bei Erich Gloeden in der Kastanienallee im Berliner Westend unterzukommen. Sierks informiert darüber seinen guten Freund Carl Marks. Die gut situierte Familie gehört zur berühmten jüdischen Dynastie der Bronzegießerei Loevy, in der beispielsweise der bronzene Schriftzug »Dem Deutschen Volke« (Reichstag) entworfen und realisiert wurde. Im Zuge der Arisierung ließ sich der gesamte Clan christlich taufen. Fritz tritt nun als »Herr Exner« auf. Frau Gloeden sagt später gegenüber der Gestapo aus: »Lindemann ist am Sonnabend, dem 29. Juli 1944, nachmittags gegen 16 Uhr zum ersten Mal in unserer Wohnung aufgetaucht und von meinem Mann empfangen worden ... und hat sich als Herr Exner vorgestellt. Lindemann behauptete bombengeschädigt zu sein und bat um Aufnahme in unsere Wohnung. Da wir das schon öfter getan hatten, sagten wir ohne Weiteres zu« (Der vergessene Verschwörer, S. 67).

Lilo Gloeden hält Lindemann zunächst für einen Juden, den man aus Mitleid behalten müsse. Die Familie verrät Fritz auch später nicht, als er sich ihr gegenüber zu erkennen gibt. Josepha von Koskull, enge Freundin der Familie Gloeden, beschreibt Lindemann alias Exner als gutaussehenden »Herren in den besten Jahren; er trug einen grauen Anzug und zu diesem Zeitpunkt, wo schon die meisten Männer an der Front standen, war es erstaunlich, einen Zivilisten von einigen vierzig Jahren zu sehen, denn mehr gab ich ihm nicht ... es wunderte mich, dass ich zuvor ... noch nie etwas von einem Herrn Exner gehört hatte« (Die Enkel des 20. Juli 1944, S. 338).

Als Lindemann sein wahres Ich zeigt, wird die Stimmung in der Kastanienallee fast familiär: Während Berlin bombardiert wird, spielt Fritz mit Josi von Koskull und den Gloedens Bridge, sie teilen sich Apfelkuchen und trinken die restlichen Flaschen Rheinhessen aus dem Weinkeller. Er lernt mit Hilfe von Josepha ein paar Worte Russisch – Fritz denkt kurzzeitig darüber nach, an der Ostfront überzulaufen. Er liest viel und tippt auf der Schreibmaschine von Lilo Gloeden politische und militärische Aufzeichnungen. Sie verbrennen am 3. Februar 1945, als der Gestapo-Komplex in der Prinz-Albrecht-Straße und das Gebäude des Volksgerichtshofes zerstört werden.

500.000 Reichsmark Kopfgeld

Lindemann fühlt sich schließlich gegenüber der Familie Gloeden schuldig; die Lebensmittelversorgung ist kritisch und natürlich bringt seine Anwesenheit alle in große Gefahr. Außerdem erscheint am 20. August ein Steckbrief mit Foto des Generals in der gesamten deutschen Presse, ein Kopfgeld in Höhe von stattlichen 500.000 Reichsmark ist auf Fritz Lindemann ausgesetzt.

Der Schlachtruf der Nazis zur Sippenhaft verfehlt ihre Wirkung nicht: Bereits am 28. August werden Herrmann, Max und Elsa Lindemann in Dresden verhaftet, unter grauenhaften Bedingungen bis zum 7. September 1944 verhört und gefoltert. Elsa trifft es am meisten, sie schweigt und versucht weiter zu schweigen, am 11. September erhängt sie sich im Dresdner Polizeigefängnis, um den Torturen ein Ende zu bereiten.

Am 3. September stürmt die SS mit sechs Mann nach dem Mittagessen in die Wohnung der Gloedens in der dritten Etage. Einer brüllt Erich Gloeden an: »Du Schwein, wo ist Lindemann?« Alle Anwesenden werden festgenommen – Ernst Schäffner, Freund der Familie und den Carl Marks über seinen Schutzbefohlenen Lindemann ins Vertrauen gezogen hatte, war in finanzielle Schwierigkeiten geraten, die 500.000 Reichsmark nur allzu verlockend. Gegenüber der Gestapo nennt Schäffner später seine Verantwortung als Deutscher. Von Bedauern über die Konsequenzen keine Spur.

Lindemann hört die beiden SS-Männer, als diese die Tür zur Wohnung auftreten. Er überlegt sich aus einem Fenster auf die Straße zu stürzen; aussichtslos, dann versucht er sich an einer Dachrinne hochzuziehen. Zu spät. Einer der Beamten ist schneller, zielt in Richtung des Generals. Mit einem Durchschuss im Oberbauch und zwei Schussverletzungen an den Beinen schaffen die SS-Männer »mit enormem Gestapogefolge« (Gestapo im OP, S. 57) den Schwerverletzten in das Berliner Staatskrankenhaus in der Scharnhorststraße.

Leben um jeden Preis

Der General soll mit allen Mitteln am Leben bleiben, die Gestapo möchte ihn verhören. Es folgt eine Notoperation, vor der Abgabe der Narkose erklärt Fritz Lindemann im Operationssaal: »Sie sollen es alle wissen, ich bin der General der Artillerie Lindemann vom Oberkommando des Heeres. Grüßen Sie meine Frau, denn mein Schicksal ist mir gewiss. Niemand hat ein reineres Gewissen als ich. Ich habe aus reinem Gewissen gehandelt, ich sterbe für Deutschland« (Gestapo im OP, S. 55).

Professor Dr. Doederlein, Leiter des Berliner Staatskrankenhauses, verlangt eine anständige Behandlung des Patienten, Schwestern und weitere Ärzte schließen sich an. Unter ihnen die dienstverpflichtete Ärztin Dr. Charlotte Pommer. »Nach der Operation hatte Prof. Doederlein persönlich für die Unterbringung des Patienten gesorgt, und zwar in dem Zimmer, das zuvor der Obergruppenführer aus Paris eingenommen hatte. Doederlein hat auch gegenüber der Gestapo ausgesprochen, dass in einem Hause keine Fesseln anzubringen seien. Die beiden Hünen, die ihn ständig bewachten, haben sich natürlich nicht daran gehalten. An den beiden Handgelenken wurde der Patient zu beiden Seiten des Bettes gefesselt. Der eine Beamte hatte auf seinem Nachttisch eine entsicherte

Pistole, das dazugehörige Bett wurde aber von ihnen nicht benutzt. Beide wachten und starrten auf den Patienten und auf uns. Während der Visite und während der Verbandswechsel habe ich die Fesseln geöffnet bekommen, dazu jeweils vorher eine Schwester in das Zimmer geschickt. Angesichts der entsicherten Pistole und der angespannten Atmosphäre ist mir mehr als einmal ein Tupfer auf den Boden gefallen. Für längere Zeit aus den Fesseln befreien, das konnte nur Schwester Gertrud, die ihn während der Nacht mit größter Achtung und Liebe pflegte und mit größter Festigkeit durch immer wieder neue Unterbrechungen, zum Beispiel beim Waschen und Betten, den Zeitraum bis zum Wiedereinschließen vergrößerte« (Gestapo im OP, S. 55).

Dr. Pommer spricht den Patienten mit »Sie« an, verzichtet auf den Titel »Excellenz«, die Gestapo nennt ihn »Herr Lindemann«. Charlotte Pommer: »Excellenz wäre der Hohn gewesen in dieser Lage, denn seine Meriten waren ihm ja durch Ausschluss der Wehrmacht genommen worden.«

Und weiter: »Ich erklärte ihm jede Handlung, jeden Inhalt und beabsichtigte Wirkung der einzelnen Injektionen und stellte es in sein Ermessen, nachts nach einer schmerzstillenden Injektion zu fragen, die er jederzeit bekommen könne. Ich wollte dadurch vermeiden, dass der Eindruck entsteht, er könne durch medikamentöse Behandlung in seiner Selbstkontrolle beeinflusst oder gar umgebracht werden. Er hatte keine Schmerzensäußerung getan. Die Selbstbeherrschung des Generals in dieser Situation als Schwerverwundeter, als Gefangener und mit Handschellen an das Bett mit nach unten gerichteten Armen Gekreuzigter hat nie eine Selbstaufgabe aufkommen lassen. Im Gegenteil, er hoffte auf Befreiung.

Sein Zustand verschlechterte sich, das merkte er selbst. ,Ich werde immer weniger‘« (Der vergessene Verschwörer S. 77–78). Das erkennt auch die Gestapo, es wird sogar eine Befreiungsaktion des Generals befürchtet, sechs SS-Männer durchsuchen das gesamte Krankenhaus. Obwohl sich die behandelnde Ärzteschaft angesichts des kritischen Zustandes vehement gegen Verhöre ausspricht, vernehmen die Gestapoleute Fritz Lindemann am 4. und 5. September, noch einmal versuchen sie es am 13. und 14. September – vergeblich, der General bleibt sich treu, er schweigt.

»Die strenge Bewachung machte Gespräche mit dem Pflegepersonal kaum möglich. Nur ganz selten gab es eine Gelegenheit wie diese: ,In einem Augenblick, als die Gestapo-Bewachung für ihr leibliches Wohl sorgte, fragte General Lindemann die Nachtwache, zu der er bald Vertrauen hatte: Schwester Gertrud (DRK-Schwester Gertrud Lux), wie steht es an der Front? Sie wusste darüber nichts zu sagen und erwiderte: Wissen Sie denn nicht, was mit Ihnen geschieht? Doch Schwester, darauf kommt es nicht an, es sterben ja so viel‘« (Wolfgang Welkerling, S. 809).

»Es bestand keine Möglichkeit, sein Leben zu verlängern. Für den Patienten, der nach 18 Tagen an einer Peritonitis (Bauchfellentzündung) starb, war der Tod im Krankenhaus die bessere Lösung, für die Ärzte und Schwestern eine Erleichterung, denn es ist unerträglich und unvergesslich, dass man einen Menschen wiederherstellen muss, damit er dem Henker zur Vollstreckung des Todesurteils ausgeliefert wird« (Gestapo im OP, S. 57). Kurz vor seinem Tod richtet der Sterbende noch einmal Grüße an seine Frau, das Krankenhauspersonal ist erleichtert zu wissen, dass Lindemann nun den berüchtigten Schauprozessen unter Roland Freisler vor dem Volksgerichtshof und dem Tod durch den Strick entgehen kann.

»Das gesamte Personal war von seiner Selbstbeherrschung, inneren Würde und Freiheit tief beeindruckt, nicht minder von seinem Stolz der Persönlichkeit«, so Charlotte Pommer (Der vergessene Verschwörer, S. 79).

Als Lindemann am 22. September im Beisein zweier Beamter stirbt, wird der Leichnam von der Gestapo sofort beschlagnahmt und eine Autopsie in der Militärärztlichen Akademie zu Berlin veranlasst. Sein Leichnam wird vermutlich im KZ Sachsenhausen verbrannt. Der Bestattungsort ist nicht dokumentiert.

Dr. Tietze, Leiter der Inneren Abteilung und Freund von Dr. Pommer, der öfters unter höchster eigener Gefährdung Verfolgten zur Seite steht, überbringt Linas Mutter, Frau von Friedeburg, in Potsdam die Nachricht. Ihre Tochter Lina war ja bereits verhaftet. Dr. Pommer wird während und nach der Behandlung Lindemanns von der Gestapo überwacht. Zum Tod des Generals schreibt sie: »Der Tod hat bei mir, bei allen Patienten, gefangenen und freien, einen starken Eindruck hinterlassen« (Gestapo im OP, S. 58).

Bad Sachsa

Von alldem weiß Marie-Luise nichts, sie ist tief verunsichert, verzweifelt, sie ist der Sippenhaft, wie alle anderen Angehörigen der Widerständler, ausgeliefert: »Das Schlimmste war das Kinderheim. Ich habe überhaupt nicht verstanden, weshalb ich dort hingebracht wurde. Das war schrecklich. Abgeschoben, immer wieder abgeschoben. So fühlte sich meine Kindheit an. Ich kannte das Gefühl schon, es war mir nicht fremd: Als mich meine Mutter zum ersten Mal – ohne eine Begründung – nach Sankt Peter-Ording schickte. Am 1. Oktober 1940 musste ich dorthin, für zwei Wochen. Ich habe nie verstanden warum. Sie brachte mich dorthin und hat mich da ganz selbstverständlich abgegeben: Nach der Ankunft sollten alle Kinder Mittagsschlaf halten, nachmittags saß meine Mutter schon wieder im Zug nach Hamburg.

Es war am 25. August 1944. Ungefähr um sechs Uhr morgens. Im Schloss war noch alles still, da standen zwei SS-Männer in schwarzen Ledermänteln und festen, schwarz glänzenden Stiefeln vor meinem Bett. Begleitet waren sie von einer Nazi-Kinderschwester, auch ganz in Schwarz. Sie sahen furchteinflößend aus. Nur Puppi war schon wach. Sie kamen immer im Morgengrauen, wenn sie jemanden holten. So haben sie das auch mit den anderen Frauen und Kindern vom 20. Juli gemacht. Das musste so sein. Brutal zogen sie mich aus dem Schlaf und gaben Anweisungen, was ich alles mitnehmen sollte in meinem Koffer. Ein paar Anziehsachen, mehr nicht. Alles ging sehr rasch, meine Cousine stand neben mir. Schnell war klar, wohin es gehen würde: zum Bahnhof in Andernach. Puppi bat darum, mich noch zum Zug begleiten zu dürfen. Die Männer erlaubten es, sprachen kein weiteres Wort. An der Station versuchte Puppi mich zu trösten, erzählte mir lauter Märchen, dass ich bald wieder nach Hause kommen würde und so. Der Abschied war herzzerreißend: Du darfst bestimmt bald wieder zurück! Du musst da nicht lange bleiben. Sie hat mich umarmt, dann drängte die Schwester zum Einsteigen. Ich saß in dem Zug mit dem Ziel Bad Sachsa im Harz. Das vergesse ich mein ganzes Leben nicht! Ich war in diesem Trödelzug und wusste nicht warum. Da bist du als Kind total verstört.

Es war ein normaler Personenzug, in der dritten Klasse, es musste ja billig sein. Keiner sagte irgendetwas, keine Erklärung. Das ist so schlimm gewesen. Jeder Platz war besetzt, nur Schweigen. Sie haben die Kinder des 20. Juli überall so eingesammelt. Viele von ihnen waren besser dran als ich, sie waren nicht allein, sondern mit ihren Geschwistern unterwegs. Die Fahrt in einem Sechser-Abteil mit Holzbänken dauerte Stunden um Stunden, ich hatte nichts zu essen dabei, ich durfte ja nur das Nötigste einpacken. Ich hatte keinen Hunger.

Abends in Bad Sachsa angekommen, brachten sie mich direkt in das ungefähr dreieinhalb Kilometer entfernte Kinderheim, das sich fast idyllisch am Rand eines Waldes befand. Wir sind zu Fuß dorthin gegangen.«

Diese Abgeschiedenheit zwischen Wald und Flur hatte Mitte der dreißiger Jahre eine Bremer Stiftung bewogen, hier ein Erholungsheim für Arbeiterkinder aus der Stadt zu bauen – keine einfachen Fachwerkhäuser, wie man sie sonst im Harz findet, sondern eine Art Freilichtmuseum aus dem Schwarzwald, zehn Häuser im Schweizer Stil mit zwei heruntergezogenen Dächern, viel Holz und großen Balkons verstreut auf einem weiten Wiesengrund. Genau diese einsame Lage (im Borntal) hat später die Nazis auf die Idee gebracht, die Kinder des 20. Juli hier unterzubringen. Die Anlage war schon längst enteignet und der Nationalen Volkswohlfahrt übergeben worden. Ein idealer Ort für die ‚Sonderbelegung‘, so der Nazijargon für die Kinder, über deren Herkunft niemand etwas wissen darf ...« (Geisterkinder, S. 89).

Marie-Luise: »Eine Kinderschwester zeigte mir einen großen Schlafsaal und wies mir ein Bett zu, ich sollte mich ausziehen. Der Saal war groß, niemand sonst befand sich dort. Diese Schwester stellte mir dann ein Tablett mit Essen ans Bett. Wieder nur Schweigen. Ich habe nicht geweint, ich habe nicht geheult, ich war so unglaublich müde und erschöpft von der langen Zugfahrt. Von dem Tablett habe ich nichts anrühren können. Das Ganze lag mir wie ein Stein auf dem Magen. Und keiner sprach nur ein einziges Wort mit mir. Immer nur Schweigen.

Wenn du als Kind nicht weißt, warum das so und so ist, dann ist das ganz schrecklich. Den ganzen Firlefanz, den mir meine Cousine in Andernach am Bahnhof erzählt hat, dass ich bald wieder auf Namedy wäre, das war alles Quatsch, das sollte mich nur täuschen. Nachher habe ich ja gemerkt, dass da noch andere Kinder waren. Die Stauffenbergs, die von Hofackers und viele andere, deren Väter am Attentat beteiligt waren.

Ich war so unglaublich müde an diesem Abend, es muss nicht lange gedauert haben, bis ich eingeschlafen war.

Am nächsten Morgen war ich hungrig, eine Schwester brachte mich zum Frühstück und da waren die anderen 45 (!!!) Kinder. Und ich musste lernen, dass ich nun nicht mehr Marie-Luise Lindemann sein durfte, sondern mein neuer Familienname Krause war. Den Vornamen kann ich nicht mehr erinnern. Jetzt war ich ein Nichts, ich war nicht mehr ich. Alle Kinder bekamen neue Namen und nur mit diesen wurden wir gerufen; auch untereinander mussten wir uns mit den neuen Namen nennen. Keiner sollte wissen, wer wir waren. Deswegen schickten sie uns auch nicht in Bad Sachsa zur Schule, ganze zehn Monate lang. Den Ort selbst habe ich während dieser langen Monate nie gesehen.

Bad Sachsa war ein großes Gelände, dort standen zehn Häuser, ländlich aussehende Fachwerkgebäude. Eigentlich ganz hübsch anzusehen. Vor unserer Ankunft waren dort Soldaten der Wehrmacht untergebracht. »Betreut« wurden wir von zwei Schwestern; Fräulein Köhne war liebevoll, die andere, Fräulein Verch, manchmal richtig ekelhaft. Als die Amerikaner kamen, war die Blöde ganz schnell weg mit ihrem Koffer, die andere blieb und hat denen erklärt, wer wir sind. Die wussten nichts von uns Kindern.

Bad Sachsa, das ist mir wie ein Ort des Nichts, als hätte sich ein schwerer Nebel über mich gelegt. Ich erinnere nicht viel, ich habe es vergessen, nein, verdrängt. Als wäre ich verschwunden. Ich fühlte mich wie aufbewahrt, ich weiß nicht, womit ich mich die langen zehn Monate beschäftigt habe. Die Behandlung im Heim war nicht grausam, es gab keine Schläge, nur Befehle; aber auch nichts zum Spielen – wie ein Hohlraum. Ich fühlte mich so verlassen. Wenn ich nur Geschwister dagehabt hätte wie die anderen Kinder.

Zuerst haben sie uns unsere Identität genommen: Fotos von Verwandten und andere Erinnerungsstücke mussten wir sofort abgeben. Sogar Namensetiketten trennten sie aus den Kleidern. Nichts sollte uns an unser altes Zuhause, unsere Mütter und Familien erinnern. Später habe ich erfahren, dass die Nazis unsere Väter und Mütter umbringen wollten und wir älteren Kinder eigentlich in Napolas – nationalpolitische Erziehungsanstalten – gebracht werden sollten. Kleinere Kinder sollten in streng nationalsozialistischen Familien zu ordentlichen Bürgern erzogen werden.

Insgesamt 46 Kinder landeten in Bad Sachsa im Wald. Das jüngste war gerade ein paar Monate alt, das älteste 15. Wir waren komplett isoliert: Es gab keine Kontakte in den Ort, kein Radio und keine Zeitung. Keine Schule und auch keine Kirche. Niemand durfte von uns wissen, angeblich um uns vor eventuellen Anfeindungen (Geisterkinder, S. 139) zu schützen. Sie haben uns zu Unpersonen gemacht, uns niemals etwas erklärt. Zuerst wurden wir nach Geschlecht und Alter in den Häusern untergebracht. Dort standen mehrere Fachwerkgebäude, eines hatte einen Ess- und Gemeinschaftsraum für mehrere Kinder, dazu einen Sanitärraum. Es gab lange Tische mit Bauernstühlen, in deren Lehnen große Zierlöcher in der Mitte geschnitzt waren. Die Wände waren mit Holz vertäfelt, rustikale Vorhänge hingen vor den kleinen Fenstern. Aus den karierten Vorhängen nähten Fräulein Verch und Fräulein Köhne im winterlich kalten November 1944 Hemdchen für die Kinder – die Betten waren nicht warm genug.«

Albrecht von Hagen, ebenfalls Sippenhäftling, erinnert viele Jahre später in einem unveröffentlichten Interview »eine Art nichtreligiöse Tischgebete; das kürzeste lautete: Hau rin« (Albrecht von Hagen jr.: Bad Sachsa – weit weg, 25. November 1996, schriftl. Bericht).

Die SS-Führung versucht die Internierung der Kinder in Bad Sachsa gegenüber der Bevölkerung, aber auch dem westlichen Ausland zu verharmlosen oder zu vertuschen: Die Sippenhaft wird als staatliche Fürsorge verkauft;

Rechtlosigkeit wird durch wirklichkeitsverzerrende Nazi-Propaganda vertuscht. Nicht wenige Nazi-Größen glauben schließlich selbst daran.

Marie-Luise: »Die Kinder, die mit ihren Geschwistern dort untergebracht waren, hatten es besser, ich hatte niemanden. In den ersten Wochen wurde untereinander überhaupt nicht gesprochen, vielleicht mal zufällig zugewunken. Wir wussten auch gar nicht, worüber wir reden sollten. Keiner hat je versucht wegzulaufen, wir waren ja immer unter Aufsicht. Wir hatten Heimweh, aber viel schlimmer war, dass wir nichts von unseren Eltern wussten, wo sie waren, was mit ihnen geschah. Ich fühlte mich verlassen. So einsam, mein Inneres war gar kein Chaos mehr, da war einfach nur ein großes Nichts. Ich habe es ausgehalten.

Im Laufe der Zeit nahm sich Christa von Hofacker meiner an, sie war zwei Jahre älter als ich. Ich mochte sie nicht besonders, sie hatte keine Empathie, manchmal war sie furchtbar. Bestimmend. Trotzdem tat es gut, sie zu haben. Sie war auch für mich da, als mich die Stauffenberg-Jungs draußen auf einem Balkon aussperrten. Die wollten mir richtig Angst einjagen und sich daraus einen Spaß machen. Sie hatten mich ausgeschlossen und mich von innen ausgelacht. Da habe ich so die Wut gekriegt und die Glasscheibe der Tür eingeschlagen, um an den Schlüssel im Schloss zu kommen. Die Narbe am Arm ist heute noch zu sehen. Es hat wie verrückt geblutet, eine der Schwestern hat die Wunde verbunden; zum Arzt im Dorf konnte sie ja nicht mit mir gehen.

Allmählich hatte ich mich wenigstens ein bisschen ein-
gewöhnt oder mit der Situation arrangiert. Dann durften
im Oktober nach und nach einige Kinder wieder zurück
zu ihren Müttern – ich nicht, denn die Familie Lindemann wurde von den Nationalsozialisten als besonders
reaktionär eingestuft. Vor allem diese Tatsache machte es
für mich noch hoffnungsloser, zumal ich ja noch immer
nichts von meiner Familie wusste. Viel später erst habe ich
auch erfahren, dass meine Brüder Fritz (zu fünf Jahren)
am 14. November 1944 und Georg (zu sieben Jahren) am
22. Januar 1945 Zuchthaus verurteilt wurden. Und noch
entsetzlicher, dass meine Mutter vor mir auf Namedy von
der Gestapo verschleppt wurde. Wir waren jetzt noch 16
verbleibende Kinder.«

Mutter

Lina Lindemann wird bereits am 27. Juli 1944 von der Gestapo auf Schloss Namedy verhaftet. Davor pflegt sie bereits seit einiger Zeit ihre Schwester Ilse-Margot.

Für Lina beginnt eine Odyssee. Zunächst wird sie stundenlang im Koblenzer Gefängnis verhört; nach verschiedenen Stationen in Gewahrsamsanstalten bringt sie die SS zunächst in das KZ Stutthof, 37 Kilometer östlich von Danzig. Ursprünglich ein Altenheim, wird das Areal ab 1939 bis 1944 in ein KZ ausgebaut. Kapazität: 57.000 Häftlinge, Gaskammern und Krematorien inklusive. Im Gebäudetrakt »Haudegen« mit elektrisch geladenem Stacheldraht wird auch Lina in einem aus Rohholz erstellten Raum untergebracht. SS-Männer informieren die internierten Frauen über ihren Sonderstatus als Sippenhäftlinge. Immerhin wird ihnen erlaubt, zwei Mal im Monat einen Brief zu schreiben respektive zu empfangen. Von Marie-Luise erhält sie keine Nachricht. Die Frauen organisieren sich selbst: Küchendienst, Spüldienst, Ofenheizen. Es gibt sogar einen Waschraum.

Im Spätherbst bricht im KZ Stutthof Typhus aus und wütet dort bis in den Januar 1945 hinein. Tausende sterben. Lina bleibt verschont. Am 23. Januar 1945 steht die Rote Armee nur noch 25 Kilometer Luftlinie vor Stutthof. Zwei Tage später wird das KZ evakuiert, in Güterzügen geht es in Richtung Westen; die Fahrt ist ein Albtraum: Die Waggons sind heillos überfüllt, Schneewehen blockieren die Gleise, dazu Flüchtlinge, die aufspringen wollen. Teilweise müssen Freiwillige die Gleise vom Schnee befreien, überall liegen Leichen, viele erfroren, Kinder, verzweifelte Mütter, zusammengebrochene Pferde, in Lumpen verpackte Gestalten, eine Tragödie. Sie erreichen Matzkau, unter scharfer SS-Bewachung geht es weiter per Zug über Stettin, Angermünde und Eberswalde nach Berlin. Lina bekocht, soweit es die Vorräte hergeben, ihre Leidensgenossen auf einer Feuerstelle. Die Fahrt endet am 3. März 1945 im KZ Buchenwald.

Wieder Stacheldraht, 22 Wachtürme, über 50 Baracken, Appellplatz, Krematorium, ausgelegt mit einigen Außenhallen für 250.000 Insassen. Buchenwald zählt zu den größten Konzentrationslagern auf deutschem Boden. Unzählige geflüchtete Häftlinge aus dem Osten drängen in das KZ, auf dessen Eingangstor zu lesen ist: Jedem das Seine. Die Sippenhäftlinge kommen in den Sonderbau 15, auch als I-Baracke bezeichnet. Die Zimmer sind klein, im kleinen Hof bot sich unter strenger Bewachung von einer SS-Wache und zwei Aufseherinnen die Möglichkeit, sich zu bewegen. Die Verpflegung ist spärlich, viele Frauen beschäftigen sich mit Handarbeiten. Die Sippenhäftlinge haben prominente Mitgefangene: Der Industrielle Fritz von Thyssen, Rudolf Breitscheid, Mafalda von Hessen und hochrangige französische Politiker. Die Rüstungsbetriebe Wilhelm Gustloff lassen im KZ produzieren.

Ostern 1945

Am Karsamstag 1945 detoniert in unmittelbarer Nähe die erste Luftmine. Was alle hoffen, wird endlich Wirklichkeit: Die Amerikaner kommen! Ostermontag kann Lina den Gefechtslärm deutlich hören. Alle packen und hoffen auf die lang ersehnte Befreiung. Und tatsächlich, am 3. April werden die Sippenhäftlinge von der SS nach Bayern gebracht. Aber ein Ende von Linas Tragödie ist noch lange nicht in Sicht. Über das KZ Flossenbürg bei Weiden in der Oberpfalz und Regensburg erreichen die Sippenhäftlinge letztendlich das KZ Dachau. Auch hier haben mittlerweile Gefängniswärter das Kommando von der SS übernommen.

Im KZ Regensburg treffen sich viele Freunde und Bekannte wieder, unter ihnen auch Pastor Dietrich Bonhoeffer. Jetzt bewahrheitet sich, was Lina immer befürchtet hatte: Fritz war seinen Verletzungen erlegen. Der Geistliche wird indes von einem Standgericht zum Tode verurteilt und in den frühen Morgenstunden des 9. April gehängt (Geisterkinder, S. 240).

Verhöre

Lina, nie um ihr eigenes Leben besorgt und als bescheiden beschrieben, ist in großer Sorge um ihre Kinder. Aber machtlos, wie alle anderen Sippenhäftlinge. Es geht weiter in fünf Bussen über Innsbruck am 28. April 1945 und Niederdorf bis ins italienische Pustertal in das einsam gelegene Hotel Pragser Wildsee in den Dolomiten. Noch immer unter dem unerbittlichen Kommando der SS, die die Geiseln keinesfalls ausliefern möchte. Der Krieg ist verloren, alle fürchten jetzt einen Machtkampf zwischen SS und Wehrmacht. Darüber täuscht auch nicht der atemberaubende Blick über die Berge hinweg. Schließlich übergibt die SS am 29. April an die Wehrmacht. Am 4. Mai rücken US-Truppen bis ins Pustertal vor, Lina ist befreit! Keiner muss sich mehr vor einer Liquidierung durch SS-Männer fürchten.

Die Amerikaner haben ungewöhnliche Pläne mit den Sippenhäftlingen. Vor ihrer Rückführung ins zertrümmerte Deutschland sollen sich die Männer und Frauen, quasi Himmlers Privatgefangene, auf Capri erholen. In einem Jeep wird Lina am 8. Mai nach Verona gebracht, der Fahrer ist bemüht und sehr freundlich, es gibt kleine Snacks. Lina wird in einem luxuriösen Hotel untergebracht, am nächsten Tag geht es mit einer US-Truppentransportmaschine nach Neapel. Eine Fähre bringt die Witwe des Generals nach Capri. Wie alle Sippenhäftlinge wohnt Lina jetzt im Hotel Eden Paradiso, die Versorgung ist liebevoll. Aber die ersten acht Tage dürfen die »Deutschen« das Hotel nicht verlassen, zuerst wollen die GIs ihre Vorgeschichten durchleuchten (Geisterkinder, S. 284). Die Erleichterung muss groß gewesen sein, nach dieser erneuten Internierung sich endlich frei in dieser schönen Mittelmeerlandschaft bewegen zu können. Lina ist hin- und hergerissen. Was soll sie tun? Mittlerweile wird nach ihren Kindern mit Hilfe des Roten Kreuzes gesucht. Ihre Gefühle sind zwiegespalten: Die Mutter in ihr möchte sofort zurück nach Deutschland, die Umgebung lädt zur Abwechslung – außerdem ist sie, wie sich noch zeigen sollte, auf die Amerikaner angewiesen.

Sie besteigt den Monte Tiberio und Solario, besucht die Blaue Grotte und genießt das herrliche Panorama, Neapel und der Vesuv sind nicht weit entfernt. Das amerikanische Rote Kreuz sorgt für Bäder im Meer, besorgt Sandalen und Strohhüte, sogar Obst.

Marie-Luise: »Dieser Aufenthalt meiner Mutter in Italien mutet fast schon grotesk an nach all den Erlebnissen und fürchterlichen Strapazen. Vielleicht konnte sie diese Tage auch ein wenig genießen, aber eigentlich kreisten ihre Gedanken nur um ihre Söhne und mich. Sie wusste nicht, wo wir waren.«

Am 13. Juni 1945 müssen Lina und einige ihre Leidensgenossen die Insel wieder verlassen, über Paris-Orly geht es zurück nach Deutschland. Im zertrümmerten Frankfurt am Main findet Lina in der Brüder-Grimm-Schule kurz-fristig eine Bleibe. Es wimmelt vor Ungeziefer. Nach nur zwei Tagen kommt sie bei einer Frau Kurz unter. Es gelingt ihr, nach Namedy zurückzukehren. Mit Hilfe des amerikanischen Roten Kreuzes erfährt Lina, dass ihre Tochter Marie-Luise am Leben und bei einem Mitglied der Familie von Hofacker (»Omali« genannt) in Tübingen untergebracht ist.

Weihnachten 1944

Marie-Luise: »Dann kam Weihnachten. Einige Kinder waren tatsächlich wieder zu ihren Müttern geschickt worden. 14 waren noch da: Die Geschwister von Stauffenberg und von Hofacker, ich, Lore Bernadis und Renate Henke. Die Stimmung war bedrückt, es war eiskalt, wir durften bis zum frühen Nachmittag in unseren Betten bleiben. Tatsächlich gab es eine jämmerliche Fichte, einen Christbaum. Mit ein paar Kerzen dran. Aber sonst nichts. Keiner hat gesungen, gebetet; es gab nichts Besonderes zu essen. Der Baum war der einzige Unterschied zu den anderen Tagen. Und Fräulein Köhne war sehr nett mit uns an diesem Tag.

Kurz nach Weihnachten bekam ich Scharlach und wurde in ein Krankenzimmer verlegt. Wir waren dort zu dritt: Christa von Hofacker, Heimeran von Stauffenberg, ein fünfjähriger Junge mit neuem Namen ‚Meister‘. Den ganzen Tag lagen wir stumm in unseren Betten, warteten auf das Essen, wie aufbewahrt. Einmal kam eine der Schwestern in unser Zimmer und sprach den Bub an, natürlich mit Meister. Da wurde er richtig aufbrausend: Das bin ich nicht! Das bin ich nicht! Ich bin ein Stauffenberg! Die Schwester hat nichts dazu gesagt. Es kam auch kein

Arzt, um nach uns zu sehen. Wir lagen dort einfach in den Tag hinein. Wir waren von der Welt abgeschnitten. Ende Januar wurden wir wieder zurück nach Haus 3 geschickt, als wäre nichts geschehen.«

Die Kinder bemerken nicht die Männer in Uniform, die Anfang Februar 1945 in Bad Sachsa Quartier beziehen. Das hat zur Folge, dass sie in engen Verhältnissen in der Krankenstation leben müssen. Die 450 Waffenkonstrukteure aus der Riege von Wernher von Braun und Walter Dornberger entwickeln in unterirdischen Stollen im nahe gelegenen Nordhausen Hitlers letzte sogenannte Wunderwaffe, die V2-Rakete, mit der auch 1945 noch der Krieg gewonnen werden soll.

Marie-Luise: »Ein einziges Mal durfte ich das Gelände verlassen. Zusammen mit anderen Kindern sollten wir bei Nachbarn Laub zusammenfegen. Natürlich waren die nicht da.

Im Februar und Anfang März waren auch im idyllischen Borntal die Luftangriffe der US-Armee nicht mehr zu überhören, die Amerikaner griffen das nahe gelegene und mit der Bahn verbundene Nordhausen an.

Irgendwie habe ich diese abenteuerliche Zeit dort überstanden, und auch all die anderen Ereignisse, die noch auf mich zukommen sollten. Aber als mich meine Mutter Jahre später in Hamburg auf das Lyzeum schicken wollte, da konnte ich einfach nicht mehr, ich war außerstande etwas zu lernen. Es war mir einfach nicht möglich. Heute würde man psychologische Betreuung bekommen, Hilfe von vielen Seiten erhalten. Damals saß man einfach da und konnte zusehen, wie man damit fertig wurde.

Ostern 1945 kamen die Alliierten immer näher. Es gab Fliegeralarm. Ständig ein Donnern und Grollen. Wir sollten unsere paar Habseligkeiten zusammenpacken und im Keller warten.«

Am 3. April 1945 starten 256 Flugzeuge der Royal Air Force mit 3.000 Sprengbomben an Bord in Richtung Harz mit dem Ziel, die V2-Rüstungsstollen zu zerstören.

Ostern 1945

Neun Tage später, am 12. April, rücken 4.000 GIs in Bad Sachsa ein. Marie-Luise: »Wir saßen geduckt im Luftschutzkeller, eng aneinandergedrängt, und hörten Getrampel und Geschrei – auf Englisch! Mit einem Mal riss einer der Soldaten die Kellertür auf und war mindestens genauso erstaunt wie wir: Natürlich hatten sie dort unten deutsche Soldaten vermutet und keine Kinder! Sie wussten ja nicht, dass sie sich in einem children's home befanden. Wir saßen da und sahen nur Schwarze in Uniform, die nach und nach zu uns hereinkamen. Schwarze! Die fingen an zu lachen, die Stimmung war sofort fröhlich und locker. Wir alle konnten aufatmen. Dann erklärte die liebe Schwester kurz die Situation, die Amis verteilten Süßigkeiten. Die Amis waren richtig niedlich und die Bonbons von ihnen herrlich. Wir waren jetzt befreit! Aber mussten uns noch gedulden.

Die Kinderschwester, die uns nie im Stich gelassen hätte (die andere war längst über alle Berge verschwunden), begleitete uns in der Nacht zum Dienstag nach Ostern auch in dem LKW, der uns Kinder zum Bahnhof in Nordhausen bringen sollte. Von dort aus war ein Transport in das KZ Buchenwald geplant. Die wollten uns da weg haben.

Der Lastwagen, ein alter Werkstattwagen, stammte aus den Beständen der Wehrmacht. Wir sollten unsere Mütter im KZ wiedersehen! Endlich! Es war kaum zu glauben, wir Kinder waren alle in großer Erwartung! Dann erreichten wir Nordhausen. Fliegeralarm, der Fahrer lenkte den kleinen Laster in eine Seitenstraße, schrie nach hinten, dass wir uns sofort auf den Boden zu legen hätten. Der Bombenhagel dauerte über eine halbe Stunde. So laut, Zischen und schrilles Pfeifen, dazwischen Schreie und Blitze. Wir blieben dort die restliche Nacht, ich weiß nicht, ob wir geschlafen haben. Dann wurde es hell, wir wurden angewiesen nicht aus dem Fenster zu sehen. Ich habe es trotzdem getan; überall lagen Leichen, verstümmelt, entblößt, verzerrt. Staub und grauer Schutt. Ein schrecklicher Anblick. Christa ermahnte mich mehrmals, das bloß zu lassen: Geh da weg vom Fenster! Das geht dich nichts an! Dann die Enttäuschung, der Fahrer machte kehrt, wir fuhren zurück ins Heim nach Bad Sachsa. Der Fahrer wollte uns Kinder nicht noch einmal einer solchen Gefahr aussetzen. Eigentlich sollte er uns ja zum Bahnhof gebracht haben. Über Weimar – von Tieffliegern vollkommen verwüstet – sollten wir nach Buchenwald überführt werden. Der Bahnhof lag in Schutt und Asche, wir fuhren zurück. Und das Warten ging weiter.

Bemerkenswert war, dass es uns zu keiner Zeit an Verpflegung mangelte. Immer gab es etwas zu essen. Auch in diesen Tagen. Nichts Besonderes, aber die Kinderschwestern waren stets sehr darum bemüht, dass wir Essen hatten. Wir konnten Bad Sachsa noch nicht verlassen.«

Kurz darauf setzen die Amerikaner den Sozialdemo-
kraten Willy Müller als neuen Bürgermeister der Stadt
Bad Sachsa ein. Der ehemalige Postbeamte Müller, seit
dem 20. Juli 1944 in Buchenwald interniert und wieder
befreit, verschafft sich am 4. Mai persönlich einen Über-
blick im Kinderheim. In einer feierlichen Ansprache lobt
und würdigt er die mutigen Taten der Männer des 20. Juli:
»Und jetzt heißt ihr wieder so wie früher, ihr braucht euch
eurer Namen und Väter nicht zu schämen, denn sie waren
Helden« (Geisterkinder, S. 225). Die Kinder stehen fortan
unter seinem persönlichen Schutz. Wenig später ehelicht
er die Kinderschwester Fräulein Köhne.

Tübingen

Marie-Luise: »Wieder hieß es warten. Weitere vier Wochen! Nach zehn Monaten in Bad Sachsa kam schließlich am 7. Juni 1945 Gräfin Alexandrine von Üxküll-Gyllenband, eine Verwandte der Stauffenbergs, mit den Spitznamen Tante Lasli oder Tante Üllas (Oberin des Roten Kreuzes, im Ersten Weltkrieg enge Gefährtin von Elsa Brandström). Sie hatte von einem französischen Oberkommandanten in dem völlig zerstörten Ort Lautlingen (Familiensitz der Familie Stauffenberg) einen Holzgas-Kleinlaster mit französischem Besatzungskennzeichen erhalten und brachte mich und die von-Hofacker-Kinder am 11. Juni 1945 nach Tübingen. In die große Villa in der Waldhäuserstraße. Die Gräfin hatte es sich als zupackende Rot-Kreuz-Schwester zur Aufgabe gemacht, die Kinder des 20. Juli zurück zu ihren Eltern zu bringen.

Das Gefährt machte einen unerhörten Radau! Und fuhr so fürchterlich langsam. Am Abend davor machten wir Zwischenstation bei Verwandten von Hofackers. War das schön! Alle waren so freundlich und herzlich, wir schliefen in frisch bezogenen Betten mit weißer Bettwäsche. Und es gab toll zu essen. Leider habe ich mir dabei so richtig den Magen verdorben, an üppig zubereitete Speisen war ich nicht mehr gewöhnt. Ich übergab mich die ganze Nacht, traute mich nicht nach einer Toilette zu fragen. Es war eine furchtbare Geschichte; aber niemand stieß sich daran, am nächsten Morgen machten sie mich wieder sauber, ich bekam frische Kleidung und es ging weiter nach Tübingen; wieder empfing uns eine Verwandte, diesmal der Familie von Hofacker, Omali. Und eine Tante namens Gitte. Ich konnte es kaum glauben, ein neues Mal waren alle so liebevoll mit mir und nannten mich bei meinem richtigen Namen: Marie-Luise! Ich konnte wieder ich sein!

Wie lange ich dort blieb, erinnere ich nicht mehr. Jedenfalls aber doch so lange, dass ich für einen kurzen Zeitraum eine Schule (!) besuchen durfte.«

Zurück auf Namedy

»Eines Tages kam eine Krankenschwester mit einem verwundeten Soldaten an der Hand, sie hatte einen wunderbaren Auftrag: Sie sollte mich zurück nach Namedy bringen. Alles ging sehr schnell. Wir nahmen einen Zug. In Koblenz übernachteten wir in der Bahnhofshalle. Das war wie ein Abenteuer für mich, ich schlief mit dem Kopf auf dem Koffer. Und fand alles sehr aufregend. Am nächsten Morgen wartete eine neue Herausforderung auf mich: Wir fuhren auf einem offenen Kohlewaggon nach Andernach.

Und schließlich war ich am Ziel, ich war wieder auf Namedy! Alle rannten aus dem Schloss und begrüßten mich auf das Allerherzlichste: Oh die Miese (das war mein Kosename dort) ist wieder da! Gertrud, die Köchin, und ihre Tochter kamen angelaufen und all die anderen haben mich liebevoll in die Arme geschlossen! Sie glaubten mich verschollen. Ich war so glücklich. Und dann sah ich auch meine Mutter dort vor dem Schloss stehen. Sie sah mich so freudig an. Ich wollte nichts von ihr wissen, sie nicht anlächeln und schon gar nicht von ihr berührt werden. Was ich fühlte, war nur eines: Meine Mutter hatte mich im Stich gelassen! Ich hatte nichts mehr mit ihr zu tun.

95

Ich hatte keine Vorstellung, was meine Mutter in diesen Minuten gefühlt haben muss, ich fühlte mich von ihr verlassen. Nie hatte sie bis dahin mit mir gesprochen, mir etwas erklärt (was sich leider erst viele Jahre später ändern sollte). Und natürlich hatte sie all die Schrecklichkeiten erlebt, ihren Mann verloren, die Söhne verhaftet, mich als verschollen zu vermuten. Ich musste mich in diesen Jahren immer mit der unerbittlichen Realität arrangieren oder sie einfach ausblenden. Ganz allein, nur mit mir selbst. Mit der Zeit verschwand dieses abweisende Empfinden ihr gegenüber, ich konnte wieder ein wenig Vertrauen fassen.

Auf dem Schloss war kein Platz mehr für uns, wir wurden in das Haus einer befreundeten Familie im Dorf nahe der Burg ausquartiert – sie machten das eheliche Schlafzimmer mit herrlich weichen Federbetten für uns frei. Alles war weiß und duftend bezogen. Ich erinnere, wie meine Mutter auch hier versuchte mich in ihre Arme zu nehmen; ich wollte und konnte es nicht zulassen. Unter den Federbetten war ich erst einmal sicher.«

Nach dem Krieg

»Meine Mutter war eine sehr starke Frau. Sie blickte nicht zurück. Sie wollte zurück nach Hamburg, zu ihren Söhnen Georg und Fritz. Mit der Bahn ging es nach ein paar Wochen nach Hause, in Harburg mussten wir umsteigen. Da sah ich einen verwundeten Soldaten auf dem Bahnsteig liegen, ein ehemaliger Soldat. Er tat mir so leid: Mutti, können wir den nicht mitnehmen? Schau, dem geht es so schlecht. Sie sah mich an, hat nicht lange überlegt, wir brachten ihn zu uns die Maria-Louisen-Straße. Das fand ich sehr anrührend. Er war mittleren Alters und wollte weiter nach Lübeck. Ein Jahr später besuchte er uns, um sich zu bedanken.

In Hamburg angekommen, sahen wir die wahren Ausmaße der Zerstörung durch den Krieg: So viel zertrümmert, Dreck, herumwühlende Menschen, zum Teil in Lumpen. Und was war aus unserer schönen Wohnung geworden! Alles war voller Menschen, sie dachten, wir sind nicht mehr am Leben und wohnten nun dort. Da waren die Rathenaus mit drei oder vier Leuten, Bettermanns und Fräulein Eichberger mit einem alten Mann. Die junge Frau pflegte den Greis im ehemaligen Mädchenzimmer. Der alte Mann verstarb auch dort; mein zweiter Toter, das fand ich sehr interessant, genauso wie den verunglückten Ami im Rhein.

Mutter richtete uns Betten auf dem Fußboden, ein eigenes Zimmer hatten wir wenigstens, das mussten die anderen Bewohner an uns abgeben; es war das frühere Esszimmer.

Alles war komisch, überall lagen Trümmer herum, ausgebombte Menschen und Geflüchtete irrten durch die Stadt. Es war eben so, ich fand das nicht schlimm. Nachher fand ich meine Mutter auch wieder netter.

Abenteuerliche Dinge passierten: Ein Sohn der Rathenaus wurde auf dem Schwarzmarkt erwischt. Was er genau angestellt hat, weiß ich nicht mehr. Sicher geriet er beim Tausch von Lebensmitteln in Ungnade. Ich erinnere nicht mehr, was wir gegessen haben. Aber genug war immer da, auch während des Krieges, ich habe nie gehungert. Meine Mutter besaß eine Kochkiste, da packte sie alles hinein, was sie zubereitet hatte. Und als es einmal knapp wurde mit unserer Verpflegung, wusste sich meine Mutter auch zu helfen: Kurzerhand verkaufte sie unseren schönen, nicht beschädigten Steinway-Flügel. Das fand ich sehr schade, denn das Klavierspiel, das ich auf Namedy erlernen durfte, bereitete mir immer große Freude, auch in der engen Hamburger Wohnung.

Einige Zeit später trafen meine Brüder Fritz und Georg bei uns ein; sie waren aus dem Zuchthaus entlassen worden und kamen zunächst bei Tante Eri in Stendal unter. Georg kam von dort mit dem Fahrrad! Das fand ich richtig toll.

Wir waren wieder zusammen! Fritz nahm relativ schnell ein Studium der Wirtschaftswissenschaften auf, Georg arbeitete bei der Margarine Union (Lebensmittelunternehmen in Deutschland, das 1929 aus der Fusion der deutschen Geschäfte der Margarine-Unternehmen Jurgens und Van den Bergh entstand und auch lange nach der Fusion des Dachkonzerns mit Lever zu Unilever unter eigenständigem Namen Bestand hatte / Wikipedia). Von Georgs neuer Beschäftigung profitierten wir ordentlich: Ständig brachte er Eis und Käse mit, das waren natürlich Delikatessen.

Es waren aufregende Wochen, ich hatte meine Familie zurück, nur Vater war nicht mehr da; niemals wurde über ihn gesprochen, geschweige denn über die ganze Thematik. Meiner Mutter gelang es immer wieder erfolgreich, mich abzulenken, jeder Tag war auch eine neue Herausforderung, ständig musste etwas herbeiorganisiert werden. Es bleib keine Zeit für düstere Gedanken.«

Schule

»Ich fühlte mich wohl, dachte, das wäre jetzt unser normales Leben, das wir gerade begonnen hatten. Bis zu dem Tag, an dem mich meine Mutter am Lyzeum für Mädchen in der Heilwigstraße anmeldete. Ich wusste überhaupt nicht, was ich dort sollte: Mein Klassenlehrer, ein alter Nazi, beachtete mich nicht, die anderen Kinder ebenso wenig. Ich verstand nichts. Zuhause war es dann nicht viel besser, meine Mutter versuchte vergebens englische Vokabeln in mich hineinzuzwingen. Alles ging an mir vorbei, heute würde ich sagen: Ich habe das nicht geschafft, ich habe total versagt, wirklich nichts war aus mir herauszuholen. Ich war so unglaublich belastet von den Ereignissen und Erlebnissen der vergangenen Jahre.

Es begann mit Bauchschmerzen, aus denen fürchterliche Magenkrämpfe wurden. Ich konnte mich nicht mehr rühren, meine Mutter brachte mich zum Arzt, der mich in die Klinik Rothenburgsort überwies. Dort lag ich für mehr als zwei Wochen in einem großen Saal mit Glasscheiben zwischen den Betten; ich konnte immer zu den vielen anderen Kindern in den Glasabteilen sehen. Die Schmerzen und Krämpfe verschwanden schnell, kein

Verdacht auf Blinddarmentzündung. Stattdessen wurde eine beginnende Tuberkulose diagnostiziert.

Ich war so erleichtert dort, so dankbar, dass ich nicht mehr zur Schule gehen musste. Dank des guten Essens konnte ich mich gut erholen, die Ärzte rieten meiner Mutter für mich zu einer Luftveränderung und ausgewogener Verpflegung. Sie diagnostizierten auch ein schweres Belastungstrauma.

Natürlich wusste ich das damals nicht, ich war nur erschrocken, fassungslos, wie entwurzelt, als mich meine Mutter wieder wegschickte. Ich sollte drei Monate bei Tante Rosi, Mutters jüngster Schwester, in Schneizelreuth in Bayern verbringen! Zur Erholung! Wie konnte sie mir das antun! So weit weg von Hamburg! Tante Rosi war mit ihren drei Kindern bei Bekannten untergekommen, in ihrem Haus waren Amis untergebracht. Es war aber letztendlich eine gute Zeit dort, reichlich Essen, ein paar Wochen in der Dorfschule, wo ich Klassenbeste war, und viel unbeschwerte Stunden mit Rosis Kindern verbrachte. Aber eben nur für drei Monate, denn meine Mutter hatte ihre Pläne mit mir.

In Bad Reichenhall sollte ich anschließend das katholische Maria-Ward-Mädchen-Internat besuchen. Dass ich gar nicht katholisch, sondern evangelisch war, interessierte meine Mutter nicht; ich musste eben katholisch werden! Schließlich war sie nach dem Krieg auch übergetreten. Ich erinnere diese Prozedur nicht mehr, nur aber dass ich mitzuspielen hatte, wie meine Mutter es von mir verlangt

hatte. In das Internat hat sie mich genauso hinein-
gezwungen. Ich habe durchgehalten, ganze zwei Jahre, die
ich getrennt von meiner Familie ertragen musste.

Bad Reichenhall war streng; ständig musste gebetet werden, um 6.45 Uhr war Aufstehen, danach Beten in der
Kirche – schrecklich, mit leerem Magen, dann Beten vor
dem Frühstück, vor dem Unterricht, immer beten. Und
stets schlichen diese Nonnen um einen herum. Die Schü-
lerinnen kamen alle aus Bayern, waren aber sehr nett. Ich
habe Freundinnen gefunden. Wir schliefen alle zusammen
in einem großen Schlafsaal. Das Essen war spartanisch,
satt wurde man nie. Der Arzt in Hamburg hatte mir doch
für jeden Tag eine große Portion Butter verschrieben, die
bekam ich dort natürlich nicht. Bis heute achte ich darauf,
dass ich ordentlich Butter auf meinem Brot habe. Einmal
schrieb ich meiner Mutter, dass ich immer so einen Hunger hätte. Den Brief haben die Schwestern abgefangen;
dann haben sie mich richtig fertiggemacht, Mater Man-
sueta hat mich vor allen ausgeschimpft, zur Strafe musste
ich noch mehr beten und eine halbe Stunde alleine im
Klassenraum bleiben, während die anderen Mädchen
schon rausdurften.«

Urlaub in der Schweiz

»Nach dem ersten Schuljahr geschah etwas Wunderbares: Alle Kinder des 20. Juli erhielten Einladungen in die Schweiz, um dort verlängerte Sommerferien (drei Monate!!!) bei wohlhabenden Familien zu verbringen. Ich kam nach Thun im Berner Oberland zu Frau Thormann und Herrn Goumouent und verbrachte in deren Haus am Thuner See die Monate April, Mai und Juni 1946. Ich fühlte mich wie eine Prinzessin, zum ersten Mal sah ich eine Banane und durfte mir Kleider nach meinem Geschmack aussuchen! Es gab herrliches Essen, zu meiner Unterhaltung hatten sie sogar ein deutsches Mädchen dazu eingeladen. Die sechs Enkel von Herrn Goumouent fand ich allerdings aufregender zum Spielen. Und das Dienstmädchen der Familie. Oft habe ich mich in ihr Zimmer geschlichen und auf ihrem Bett ihren Erzählungen gelauscht. Frau Thormann hat sogar gefragt, ob ich eine Schule besuchen möchte. Natürlich habe ich sofort abgewunken. Das war in Ordnung. Ich hatte es so gut dort. Frau Thormann ließ mich von einem Allgemeinarzt untersuchen, zum Zahnarzt brachte sie mich auch, das war nicht so schön, er hatte viel zu tun bei mir. Frau Thormann habe ich viele Jahre später noch einmal in Bern besucht, meine

Liebe zur Schweiz blieb bestehen, viele Sommer habe ich in Pontresina verbracht.

Im Thuner See hatte ich mir selbst das Schwimmen beigebracht, es waren so unbeschwerte und ausgelassene Monate, der Abschied fiel mir wirklich sehr, sehr schwer. Diese Zeit war die schönste Zeit meines Lebens – das empfinde ich bis heute so.

Zurück in Bad Reichenhall habe ich meine Mutter mit Briefen torpediert, sie möge mich doch nach Hause kommen lassen. Sie blieb standhaft, erst nach einem weiteren Schuljahr im Maria-Ward-Lyzeum durfte ich endlich zurück nach Hamburg.«

Hamburg

»Nach den Sommerferien im August 1947 besuchte ich die Erikaschule. Dort sollte ich den Mittelschulabschluss machen. Dazu sollte es nicht kommen, ich wurde ein weiteres Mal schwer krank: Gelbsucht! Zuerst war mir nur übel, später konnte ich nichts mehr zu mir nehmen. Viel zu spät kam ich ins Krankenhaus, wo ich zwei Monate bleiben musste. Aber jetzt endlich verstand meine Mutter, sie war nur für mich da, im Krankenhaus und danach. Vielleicht konnte sie das Chaos in mir jetzt verstehen; sie schickte mich nicht mehr weg und aus dem Schulabschluss wurde nichts.

Dass meine Mutter nur das Beste für mich wollte und alles versuchte, um mich zuerst in Sicherheit zu wissen und mir später eine gute Schulausbildung zukommen lassen wollte, habe ich erst viele Jahre später verstanden. Ich erinnere auch nur wage, wie sie mir vom Tod meines Vaters erzählte. Lange wurde darüber geschwiegen, wie über so vieles andere auch. Wie verschluckt. Oder besser verschwunden war all das, was uns widerfahren ist. Nach und nach, viele Jahre später, als ich schon längst erwachsen und verheiratet war, erfuhr ich immer mehr und konnte die Geschichte meines Vaters, meiner Mutter und meiner

Brüder Fritz und Georg und natürlich all das, was mir widerfahren ist, wie ein Puzzle zusammensetzen.

Die Gefühle für meinen Vater sind eher abstrakter Natur. Richtig kennenlernen konnte ich ihn nie. Aber die wenigen Male, die wir gemeinsam verbringen konnten, habe ich seine Liebe zu mir gespürt. Niemals aber werde ich verstehen können, wie er all das seiner Familie antun konnte. Für mich steht bis heute unsere Familie im Vordergrund. Natürlich bin ich stolz auf das, was er getan hat. Aber ich hatte immer das Gefühl, dass diese Sache, für die er gekämpft hat, über allem stand, auch über unserer Familie. Wir mussten hinter seinen politischen und ethischen Vorstellungen zurückstehen. Liebe braucht letztendlich immer Menschen, die füreinander da sind.«

ANMERKUNG:

Marie-Luises Erinnerungen erscheinen in der Überlieferung der Oral History. Sie erlaubt Zeitzeugen, ihre Geschichte so zu erzählen, wie sie sie erlebt haben und erinnern, entspricht einem Sprechenlassen. Einige Stationen hätte ich gerne detaillierter beschrieben, wie beispielsweise die Zeit in Bad Sachsa. Einige Fragen konnte (und wollte) sie vielleicht nicht beantworten. Viele Kinder von Widerständlern erzählen ihre Erinnerungen wie gerahmte Bilder. Die Erinnerungen werden zu Geschichten, die der Rahmen zusammenhält. Was außerhalb des Rahmens ist, verschwindet im Nebel des Schweigens.

Schweigen begleitet nach 1945 die meisten Familien des 20. Juli, zuerst insbesondere die Witwen. Erlebnisse oder Briefe werden niemandem offenbart. Wie überhaupt viele Jahre geschwiegen wird: Russen und Westalliierte haben nach dem Krieg wenig Interesse, an die Opposition gegen Hitler zu erinnern; Bundes- und Länderverwaltungen müssen wieder aufgebaut werden, dafür gilt es, fähige Beamte und Fachleute zu gewinnen. Viele Deutsche selbst frönen dem bequemen Verdrängungsmechanismus der Nachkriegsjahre, mehr als ein Jahrzehnt wird der Widerstand gegen Hitler sogar geleugnet. Noch schlimmer: Des Führers Ausspruch der »Clique ehrgeiziger Offiziere« setzt sich hartnäckig fest, wonach die Attentäter als Hoch- und Landesverräter gelten.

Ernst Reuter, Sozialdemokrat und Regierender Bürgermeister der Stadt Berlin, ist es zu verdanken, dass der Berliner Senat sich bereits 1952 dazu entschließt, die Kämpfer des 20. Juli zu ehren; im sogenannten Bendlerblock legt die Witwe Eva von General Friedrich Olbricht am 20. Juli eine Gedenkrolle in den Gedenkstein für die Attentäter. Olbricht war dort wie einige andere auch von den Nazis liquidiert worden.

Eine Neubewertung des Widerstands setzt erst in den 60er Jahren ein, sowohl in der Bundesrepublik als auch in der DDR. Es dauert noch weitere zehn bis fünfzehn Jahre, bis in den deutschen Teilstaaten eine entsprechende Literatur entsteht.

Gleichzeitig wird der Begriff Widerstand im Rahmen politischer und soziologischer Entwicklungen geradezu inflatorisch entfremdet: Widerstand taucht auf bei

Hausbesetzung, Wehrdienstverweigerung oder Atomwaffengegnern. Auch die spätere RAF-Terroristin Ulrike Meinhof nutzt den Begriff Widerstand im »Kampf gegen den Schweinestaat« und bezieht sich ausdrücklich auf den 20. Juli, um der eskalierenden Gewalttätigkeit der Studentenproteste eine historische Legitimation zu verschaffen.

Viele Überlebende und Angehörige der Widerstandskämpfer fühlen sich bis heute durch diesen Missbrauch des Begriffs Widerstand nicht nur nicht verstanden, sondern missachtet.

Davor warnen fast alle Redner bei den Gedenkfeiern zum 20. Juli. Die Ansprache des Bundesjustizministers Gerhard Jahn 1973 bleibt hochaktuell: »Die Grundwerte unserer freiheitlich demokratischen Ordnung stehen und fallen damit, dass die Bürger sie zu ihrer eigenen Sache machen, und das heißt eben auch, Widerstand leisten gegen jeden Versuch, sie zu beseitigen oder auch nur einzuschränken. Hier müssen wir scharf und genau die Grenze erkennen und beachten, die sich für das Recht zum Widerstand nach dem Grundgesetz ergibt. Widerstand kann und darf nur das letzte, unersetzliche, äußerste Mittel sein, mit dem Bürger unsere freiheitlich demokratische Ordnung verteidigen, falls andere Mittel ausgeschöpft sind. Widerstand gegen die vom Grundgesetz verfasste freiheitliche Ordnung kann und darf es nicht geben« (Gerhard Jahn, Der Widerstand ist kein Selbstzweck, S. 129).

Fritz Lindemann am 1. Oktober 1922

Hochzeit Lina v. Friedeburg und Fritz Lindemann,
Potsdam Garnisonskirche, 2. Oktober 1922

Fritz Lindemann mit Marie-Luise im Sommer 1934

Marie–Luise mit Mutter Lina sowie ihren Brüdern
Georg (links) und Fritz

Familie v. Friedeburg: Wilhelm (v. links), Lina mit
Rosi im Arm, Fritz und Ilse-Margot, 1910

Das junge Paar im August 1924

1943

Marie–Luise am 30. März 1943 in Hamburg

Marie–Luise mit ihrem Schulfreund Christian
Krogmann, Weihnachten 1951

Anhänge

Burg Namedy / Andernach/ Mayen-Koblenz
https://de.wikipedia.org/wiki/Burg_Namedy

Die Wasserburg der Hausmann von Namedy

Die Burg Namedy wurde im 14. Jahrhundert durch das Andernacher Patriziergeschlecht von Hausmann als eine kleine Wasserburg unter Einbeziehung des Adelshofes Niederhof im spätgotischen Stil erbaut. Als erster Burgherr ist Gerhardus dictus Husmann (gestorben 1211) bekannt, seine Grabplatte befand sich früher noch im Kloster. Der Ursprungsbau bestand aus einem Wohnturm mit einem Treppenturm an der Westecke und einem Dreiviertel-Rundturm an der Ostecke.

Ansicht von Süden

Der Ritterbürgermeister von Koblenz und Ratsangehörige Dr. iur. Antonius von Hausmann zu Namedy (auch Anton von Husmann), Bruder der letzten Äbtissin des Namedyer Zisterzienserinnenklosters, Hildegard von H(a)usmann (1518–1562), und seine zweite Frau Margaretha zu Eltz bauten zwischen 1550 und 1560 die Burganlage aus. Dabei wurde der Wohntrakt um 27 m bzw. um neun Fensterachsen nach Nordwesten verlängert. Der Wohntrakt war danach viermal so lang wie vorher. An der

Nordecke wurde ein weiterer Rundturm hinzugefügt, so dass die Rheinfront symmetrisch wirkte. Am Tuffstein-erker neben dem Treppenturm ist eine Wappentafel des Bauherrenpaares angebracht. Über den beiden Wappen ist hinter dem Kopf des als Schildhalter dienenden Herolds ein Schriftband gespannt mit dem Segenswunsch »PAX CHRISTI HVIC DOMVI« – der Friede Christi sei mit diesem Hause.

Unter den Wappen ist zu lesen: »A NAMEDY S(VM) PRISCA DOMVS GENEROSA PROPAGO / HVSMANORVM QVORV(M) ANTE ET LONGIS-SIMA SECLA / EX ANDERNACO PRECLARA EXTABAT ORIGO / HOS DEVS OMNIPOTENS LONGVM CONSERVET« – ich bin von Namedy, ein altehrwürdiges Haus, ein edler Spross der von Hausmann, deren illustrer Ursprung in Andernach lag, möge Gott der Allmächtige diese lange erhalten. Und es gibt noch eine dritte Inschrift, die im oberen Teil auf dem Rand der Platte umläuft, und dort ist auch die Datierung zu finden, wenngleich eine Ziffer fehlt: »D(OMINVS) ANTON-IVS HVSMAN DE NAMED(Y) ... ET D(OMINA) MARGARETHA DE ELTZ ... CONIVGES LEGI-TIMI 154« – Herr Anton Hausmann von Namedy, Frau Margaretha von Eltz, rechtmäßige Eheleute.

Im Jahre 1633 litt das Schloss unter der Plünderung durch schwedische Soldaten. Nach dem Tod des kaiser-lichen Obristen Friedrich Ruprecht von Hausmann im Jahre 1666, mit dem die Familie im Mannesstamm er-losch, brachte die Tochter Anna Katharina das Burghaus ihrer Familie in die Ehe mit ihrem Gatten Andreas von Klepping als Erbe ein. Ihm folgte Franz Wilhelm von Klepping. Die Familie von Klepping stammte aus Dortmund und hat selbst das Schloss bis zum Verkauf im Jahr 1700 wohl nie bewohnt.

Das Barockschloss der von Solemacher

Der kurtrierische Kanzler Johann Arnold von Solemacher (1657–1734) aus Koblenz kaufte im Jahr 1700 das Rittergut Namedy für 7.500 Reichstaler von Maximilian Melchior von Klepping, dem Sohn des Franz Wilhelm. Im Jahre 1718 wurde er durch Kaiser Karl VI. nach Hinzufügung von Namen und Wappen der alten Familie Husmann von Namedy in den Reichsritterstand erhoben. Er baute die Burg im Stil des Barock in eine Schlossanlage um.

Ansicht von Osten mit Park, 2023

Dabei wurde der Wohntrakt in seinen Dimensionen nicht verändert, aber die Vorburg wurde ausgebaut, die beiden Höfe erhielten ihre Abschlussmauern, hangseitig entstand ein barockes Portal mit Brücke über den Graben. Sein Sohn Johann Hugo von Solemacher (gestorben 1763)

vollendete das Bauwerk. In den Grundriss- und Ansichts-
plänen von 1709 (im Landeshauptarchiv Koblenz, siehe
Literaturangabe) ist der Zustand vor der Bauerweiterung
gut zu sehen. Die Familie von Solemacher bewohnte das
Schloss bis zur Besitznahme des linken Rheinufers durch
die Franzosen. Johann Melchior von Solemacher († 1820)
flüchtete vor der Ankunft der französischen Truppen mit
allem Inventar nach Koblenz. Danach wurde das Gebäude
als Lazarett und Pulvermagazin benutzt und dabei völlig
ruiniert. Fenster, Treppen, Böden und Türen dienten als
Heizmaterial für das Lazarett, nur das Dach überstand
die Demolierung. Aus Furcht vor Krieg und weiteren
Zerstörungen erfolgte die Renovierung erst 1856. Durch
die Ehe von Josephine von Solemacher († 1836), Tochter des Johann Melchior, mit dem kurfürstlich trierischen
Geheimrat Christoph Josef Linz kam der Besitz an diese
Familie. Ihm folgte sein Sohn Oberregierungsrat Franz
Linz in diesem Besitz nach.

Erweiterung im Historismus

Im Jahre 1896 kaufte Johann Arnold Freiherr von Solemacher das Schloss von der Familie Linz zurück. Das
Schloss wurde historistisch umgebaut und erheblich ver-
größert, das bislang zweistöckige Wohngebäude wurde
um ein Geschoss aufgestockt und bekam im Nordwesten
und im Südosten jeweils einen Seitenflügel hinzugefügt.
Am Nordwestflügel ist hofseitig eine große Wappentafel

für Johann Arnold Freiherr von Solemacher und seine Frau, Marie-Luise von Veltheim, angebracht. Die Schilde beider Ehepartner werden unter einer siebenperligen freiherrlichen Rangkrone als Allianzwappen zusammengestellt. Darunter ist eine große Inschriftentafel angebracht mit reich ornamentiertem Rand und folgendem Inhalt: »JOANNES ARNOLDVS LIBER BARO DE SOLEMACHER / AB ANTWEILER, DOMINVS IN NAMEDY, / ET MARIA LVDOVICA E GENTE BARONVM / DE VELTHEIM, CONJUGES, HOC CASTELLUM, / PRISCAE STIRPIS CVNABVLA, DOMINATIONE / GALLORVM AMISSVM, RECVPERAVERVNT, / AMPLIAVERVNT, ORNA- VERVNT« – Johann Arnold Freiherr von Solemacher zu Antweiler, Herr in Namedy, und Maria Luise aus dem Geschlecht der Freiherren von Veltheim, Eheleute, kauften diese Burg, die Wiege des altehrwürdigen Geschlechts, das sie durch die Gewalt der Gallier (Franzosen) verloren hatte, wieder zurück, vergrößerten sie und schmückten sie aus.

Darunter geht es weiter, nun mit einem Chronogramm: »PATER QVI IN COELIS REGNAT IPSOS / ATqVE POSTEROS BENEDICAT, EXTO= / LLAT AVGEATqVE IN PERPETVVM« – Gott Vater, der in den Himmeln herrscht, möge sie selbst und ihre Nachfahren in Ewigkeit segnen, stärken und mehren. Das ergibt die Jahreszahl 1896. Auch die Türme wurden entsprechend höher gebaut. Das neue Obergeschoss des alten Wohnturms, die Turmgeschosse und der neue Südostflügel erhielten Stockfenster mit wappengeschmückten

Blendmaßwerk-Fensterstürzen nach dem Vorbild zweier solcher Fensterstürze aus der Zeit der Hausmann von Namedy im ersten Obergeschoss des Ursprungsbaus. Das Wappenprogramm dieser Fensterstürze bildet einerseits die Ahnenprobe des Bauherrenpaares ab, andererseits die aufsteigende Genealogie der Familie von Solemacher. Von diesem übernahm 1907 der Hotelkonzern Gebrüder Eberbach GmbH das Gebäude. Im Jahre 1908 kauften zwei oberschlesische Kohlemagnaten, der Fürst Henckel von Donnersmarck und der Fürst zu Hohenlohe-Öhringen, das Anwesen, aber bereits 1909 wurde es wieder weiterverkauft an einen schwäbischen Prinzen aus dem Hause Hohenzollern-Sigmaringen.

20. und 21. Jahrhundert: Domizil der Hohenzollern

Prinz Karl Anton zu Hohenzollern stand als Generalleutnant in preußischen Diensten und hatte den Hinweis, dass die Burg zum Verkauf stand, von seinem Berliner Friseur erhalten, der aus Andernach stammte. Ihm gefiel der Bau und er verfügte durch seine Frau, Josephine von Belgien, eine Schwester des belgischen Königs, auch über die Mittel zu ihrem Erwerb. Außerdem lag die Burg etwa gleich weit entfernt von Sigmaringen und Brüssel, den Heimatorten des Ehepaars. Er ließ vom Andernacher Architekten Clemens Kroth einen eingeschossigen Spiegelsaal mit zwei Ecktürmen an den Nordwestflügel anbauen. Ein angebauter Hotelflügel wurde wieder entfernt. Während des Ersten Weltkrieges unterhielt Prinzessin Joséphine im Spiegelsaal ein Lazarett. Mit dem deutschen Einmarsch in Belgien zu Beginn des Ersten Weltkrieges stellte das belgische Königshaus aber seine Apanagezahlungen an die Gemahlin des deutschen Generals ein. Bei seiner Rückkehr 1918 fand der Prinz das Schloss besetzt von amerikanischen Soldaten. Er starb dort am 21. Februar 1919 im Alter von 51 Jahren.

Im Jahre 1919 übernahm der Sohn Albrecht Prinz von Hohenzollern die Burg. 1933 erhielten Treppenturm und Südostturm neue Hauben im Barockstil. Am 1. Januar 1934 wurde Albrecht Mitglied der NSDAP, komponierte infolgedessen nationalsozialistische Musik und veröffentlichte diese teils im Selbstverlag vom Schloss heraus. Schlussendlich zog er für Hitlerdeutschland als Offizier in den Krieg, scheiterte in diesem jedoch an der Übermacht der Roten Armee und geriet in Rumänien in Kriegsgefangenschaft.

Da seine Frau sich 1943 bei einem Unfall verletzte und sich in einer Heilanstalt befand, kümmerte sich ihre Schwester Lina Lindemann, Gattin von Fritz Lindemann, in dieser Zeit um das Schloss und die Kinder ihrer Schwester.

In Folge des gescheiterten Attentats auf Adolf Hitler durch Fritz Lindemann wurden Lina Lindemann und ihre Tochter Marie-Luise von der Gestapo auf dem Schloss verhaftet.

Albrecht entkam Konsequenzen seiner politischen Aktivitäten, einer Deportation nach Bukarest, durch

Verwendung eines falschen Namens, wurde jedoch auf dem Weg zurück zum Schloss in Cochem von der französischen Armee gefasst und drei weitere Jahre inhaftiert. Erst nach dieser Haft kehrte der Schlossherr zurück nach Namedy, wo er den Rest seines Lebens verbrachte. 1988 ging das mittlerweile stark heruntergekommene Anwesen an seinen Sohn Godehard Prinz von Hohenzollern. Dieser begann mit der Restaurierung und entwickelte das Schloss zu einem kulturellen Zentrum, in dem Konzerte von Klassik bis Jazz, Theateraufführungen und Kunstausstellungen stattfanden. An der Restaurierung des Spiegelsaals war 2003 auch die Deutsche Stiftung Denkmalschutz beteiligt. Seit dem Tod Godehards im Jahr 2001 leitet seine Witwe Heide Prinzessin von Hohenzollern die Burg und die kulturellen Veranstaltungen.

https://mahnmalkoblenz.de/index.php/2013-12-12-02-07-02/die-lesemappen/297-013-lina-lindemann-sippen haeftling-von-der-burg-namedy

Am Attentat auf Hitler beteiligte Personen des 20. Juli 1944, deren Kinder im Bad Sachsaer Kinderheim im Borntal interniert waren

Name	Vorname	Beruf Dienstgrad	geboren am geboren in	verhaftet verurteilt	Gestorben
Bernardis	Robert	Oberstleutnant	07.08.1908 Innsbruck	21.07.1944	08.08.1944 hg Berlin–Plötzensee
Ditter von Dittersdorf	Bruno	Major Polizeires. SS-Offizier	18.07.1908 Troppau	Flucht nach Urteil vom 05.02.1944	29.03.1944 Berlin, Lehrter Straße
Dieckmann	Dr. Wilhelm	Oberregierungs-rat	17.07.1893 Stotel/Bremer-haven	25.07.1944	13.09.1944 SV Berlin–Plötzensee
Freiherr Freitag von Loringhoven	Wessel	Oberst i.G.	10.11.1899 Groß Born/Kurland	Verhaftung stand bevor – er fuhr an die Front; SM mit Granate	26.07.1944 SM Mauerwald/O-Pr.
Gehre	Ludwig	Hauptmann	05.10.1895 Düsseldorf	am 18.11.1944 SM missglückt, Augenver-letzung, 09.04.1945	09.04.1945 hg KZ Flossenbürg
Gehre (Henke)	Hanna	2. Frau von Ludwig Gehre	19.11.1916 Berlin	SS-Standgericht vermutlich erschossen von Ludwig Gehre	08.11.1944 (?) oder 18.11.1944 (?)

Goerdeler, Dr. jur. (als Reichskanzler vorgesehen)	Carl Friedrich	bis 1937 OB in Leipzig	31.07.1884 Schneidemühl	zum Tod verurteilt am 08.09.1944 VGH das Urteil wurde hinausgezögert	02.02.1945 hg Berlin-Plötzensee
Hansen	Georg Alexander	Oberst i.G.	05.07.1904 Sonnefeld/Coburg	22.07.1944 Berlin, am 04.08.1944 aus der Armee ausgestoßen 10.08.1944 VGH	08.09.1944 hg Berlin-Plötzensee
Hase	Paul von	Generalleutnant	24.07.1885 Hannover	20.07.1944 Berlin 08.08.1944 VGH	08.08.1944 hg Berlin-Plötzensee
Hayessen	Egbert	Major i.G.	28.12.1913 Eisleben	20.07.1944 15.08.1944 VGH	15.08.1944 hg Berlin-Plötzensee
Hagen	Albrecht von	Leutnant d.R.	11.03.1904 Langen/Belgrad	21.07.1944 08.08.1944 VGH SP	08.08.1944 hg Berlin-Plötzensee
Hofacker	Caesar	Oberstleutnant d. Res. Dr. jur.	11.03.1896 Ludwigsburg	Ende Juli in Paris 30.08.1944 VGH	20.12.1944 hg Berlin-Plötzensee
Graf von Lehndorff-Steinort	Heinrich	Oberleutnant d.R. Gutsbesitzer	22.06.1909 Hannover	21.07.1944 04.09.1944 VGH	04.09.1944 hg Berlin-Plötzensee
Lindemann	Fritz	General der Artillerie	11.04.1894 Charlottenburg	03.09.1944 Berlin bei Verhaftung Fluchtversuch, SV	22.09.1944 Berlin an SV im Krankenhaus
Graf Schwerin von Schwanenfeld	Ulrich Wilhelm	Offizier im OKW	21.12.1902 Kopenhagen	20.07.1944 Berlin 21.08.1944 VGH	08.09.1944 hg Berlin-Plötzensee

Name	Vorname	Dienstgrad/Titel	geb.	Prozess	Schicksal
Schenk Graf von Stauffenberg	Berthold	Marineoberstabs-Richter Dr. jur.	15.03.1905 Stuttgart	21.07.1944 Berlin 10.08.1944 VGH	10.08.1944 hg Berlin-Plötzensee
Schenk Graf von Stauffenberg	Claus	Oberst i.G.	15.11.1907 Jettingen	SP am 20.07.1944 um 22.30 Uhr, anschließend Standgericht	21.07.1944 hg *0.30* Uhr Berlin Bendlerblock
Seydlitz-Kurzbach	Walther von	General der Artillerie	22.08.1888 Hamburg	am 26.4.1944 in Abwesenheit zum Tode verurteilt, verurteilt 1950 in der UdSSR	1955 in die BRD ausgeliefert 28.04.1976 Bremen
Tresckow	Henning von	Generalmajor	10.01.1900 Magdeburg	am 27.07.1944 beigesetzt, im August exhumiert und verbrannt im KZ Sachsenhausen, Asche in alle Winde verstreut	21.07.1944 SM an der Front bei Ostrow/Polen
Freiherr von Trott zu Solz	Friedrich Adam	Legationsrat	09.08.1909 Potsdam	25.07.1944 15.08.1944 VGH	26.08.1944 hg Berlin-Plötzensee

Erläuterungen zur obenstehenden Tabelle

hg = hingerichtet	SM = Selbstmord
SV = Schussverletzung	VGH = Volksgerichtshof
SP = Schauprozess	OB = Oberbürgermeister
O-Pr = Ostpreußen	OKW = Oberkommando der Wehrmacht
d.R. = der Reserve	i.G. = im Generalstab

Die folgenden *Kinder des 20. Juli 1944* waren 1944 und 1945 im Borntal interniert.

Name des Vaters bzw. Großvaters	Vorname des Kindes im Borntal interniert	Alter oder Geburtsdatum	im Borntal ab	im Borntal bis 1944/1945 oder 1945
Bernardis, Robert	Lore	6 Jahre 17.12.1937	27.08.1944	26.10.1944
Bernardis, Robert	Heinz	4 Jahre 19.01.1940	27.08.1944	26.10.1944
Dieckmann, Wilhelm	Arnd-Heinrich	13 Jahre 18.03.1931	Anfang September	Anfang Oktober 1944
Dieckmann, Wilhelm	Dorothea	11 Jahre 11.06.1933	Anfang September	Anfang Oktober 1944
Dieckmann, Wilhelm	Waltraud	7 Jahre 20.03.1937	Anfang September	Anfang Oktober 1944
Ditter von Dittersdorf, Bruno	Karin	5 Jahre 27.03.1939	22.08.1944	13.02.1945
Ditter von Dittersdorf, Bruno	Hans-Gerret	3 Jahre 26.05.1941	22.08.1944	13.02.1945
Freytag von Loringhofen, Wessel Freiherr	Nicolai	9 Jahre 24.09.1934	Anfang August 1944	Mitte Oktober 1944
Freytag von Loringhofen, Wessel Freiherr	Axel	8 Jahre 15.02.1936	Anfang August 1944	Mitte Oktober 1944
Freytag von Loringhofen, Wessel Freiherr	Wessel	2 Jahre 24.11.1941	Anfang August 1944	Mitte Oktober 1944

Freytag von Loringhofen, Wessel Freiherr	Andreas	**14 Monate** 08.05.1943	Anfang August 1944	Mitte Oktober 1944
Gehre, Ludwig	Hildegard	**20 Monate** **27.12.1942**	nach dem 12.08.1944	**10.11.1945 Wyk/ Föhr**
Goerdeler, Carl-Friedrich	Rainer Johannes Christian	3 Jahre 09.03.1941	**07.02.1945**	28.07.1945 nach HH
Goerdeler, Carl-Friedrich	Carl	**16 Monate** 09.10.1943	**07.02.1945**	28.07.1945 nach HH
Hagen, Albrecht von	Albrecht	11 Jahre 02.08.1933	August 1944	Mitte November 1944
Hagen, Albrecht von	Helmtrud	8 Jahre 06.11.1935	August 1944	Mitte November 1944
Hansen, Georg	Hans-Georg	11 Jahre 12.02.1933	Mitte August 1944	Ende Oktober 1944 Michelau
Hansen, Georg	Wolfgang	8 Jahre 22.09.1935	Mitte August 1944	Ende Oktober 1944 Michelau
Hansen, Georg	Karsten	6 Jahre 06.05.1938	Mitte August 1944	Ende Oktober 1944 Michelau
Hansen, Georg	Frauke	2 Jahre 18.07.1942	Mitte August 1944	Ende Oktober 1944 Michelau
Hansen, Georg	Dagmar	**25 Tage 15.07.1944**	Mitte August 1944	Ende Oktober 1944 Michelau

Hase, Paul von	Friedrich–Wilhelm	7 Jahre 26.06.1937	18.08.1944	06.10.1944
Hayessen, Egbert	Hans–Hayo	2 Jahre 07.06.1942	Mitte August 1944	nach dem 06.10.1944
Hayessen, Egbert	Volker	**9 Monate** 17.11.1943	Mitte August 1944	nach dem 06.10.1944
Henke	Renate Stieftochter von L. Gehre	5 Jahre 19.09.1938	nach dem 12.08.1944	**10.11.1945 Wyk/ Föhr**
Hofacker, Caesar von	Christa	12 Jahre 07.02.1932	25.08.1944	13.06.1945 *nach BW **
Hofacker, Caesar von	Alfred	9 Jahre 13.02.1935	25.08.1944	13.06.1945 *nach BW **
Hofacker, Caesar von	Liselotte	6 Jahre 17.08.1938	25.08.1944	13.06.1945 *nach BW **
Lehndorff-Steinort, Heinrich Graf von	Maria-Eleonore »Nona«	6 Jahre 28.09.1937	26.08.1944	Dezember 1944
Lehndorff-Steinort, Heinrich Graf von	Vera Gottliebe Anna »Veruschka«	5 Jahre 14.05.1939	26.08.1944	Dezember 1944
Lehndorff-Steinort, Heinrich Graf von	Gabriele Pauline Agnes »Dicky«	**20 Monate** 14.12.1942	26.08.1944	Dezember 1944

Lindemann, Fritz	Marie-Luise	10 Jahre 19.02.1934	26.08.1944	13.06.1945
Schwerin von Schwanenfeld, Ulrich Wilhelm Graf	Wilhelm	**15 Jahre** 07.02.1929	15.09.1944 selbst angereist, (?) da sonst keine Bleibe	07.10.1944
Schwerin von Schwanenfeld, Ulrich Wilhelm Graf	Christoph	11 Jahre 02.08.1933	15.09.1944 selbst angereist, (?) da sonst keine Bleibe	07.10.1944
Seydlitz-Kurzbach, Walther von	Ingrid	10 Jahre 29.03.1934	Mitte September 1944	Anfang Januar 1945
Seydlitz-Kurzbach, Walther von	Ute	8 Jahre 26.04.1936	Mitte September 1944	Anfang Januar 1945
Stauffenberg, Claus Schenk Graf von	Berthold	10 Jahre 03.07.1934	17.08.1944	13.06.1945 nach BW *
Stauffenberg, Claus Schenk Graf von	Heimeran	8 Jahre 09.07.1936	17.08.1944	13.06.1945 nach BW *
Stauffenberg, Claus Schenk Graf von	Franz-Ludwig	6 Jahre 04.05.1938	17.08.1944	13.06.1945 nach BW *
Stauffenberg, Claus Schenk Graf von	Valerie	3 Jahre 15.11.1940	17.08.1944	13.06.1945 nach BW *

Stauffenberg, Berthold Schenk Graf von	Alfred	6 Jahre 08.11.1937	17.08.1944	13.06.1945 nach BW *
Stauffenberg, Berthold Schenk Graf von	Elisabeth	5 Jahre 13.06.1939	17.08.1944	13.06.1945 nach BW *
Tresckow, Henning von	Uta	13 Jahre 19.02.1931	17.08.1944	06.10.1944
Tresckow, Henning von	Adelheid	4 Jahre 20.09.1939	17.08.1944	06.10.1944
Trott zu Solz, Adam von	Anna-Verena	2 Jahre 01.03.1942	13.08.1944	Anfang Oktober 1944
Trott zu Solz, Adam von	Clarita	**9 Monate** 09.11.1943	13.08.1944	Anfang Oktober 1944

Stadtarchiv Bad Sachsa 2014

Tagebuch von Fritz Lindenmann (1922)

Meiner Lebensgefährtin, meiner LINI, zum 9. August 1922. Geschrieben in Liebe und freudvoller Erinnerung. Verwandte Seelen knüpft der Augenblick des ersten Sehens mit diamantenem Bande. Der 22. März 1922 war ein kalter … aber schöner Tag. Vor zwei Tagen hätte ich eigentlich dem ursprünglichen Befehle gemäß nach Schwardnitz fahren müssen, aber wenn mich jemand fragte: »Fahren Sie nun nach Schw…?«, so antwortete ich nur: »Was ich tun werde, weiß ich nicht. Sicher ist mir nur, dass ich nicht am 20.3. Potsdam verlasse.« Und dieser Entschluss erschien mir unverrückbar, hätte kommen mögen, was wollte. Vati war seit einigen Tagen in Berlin (sein Vater) und in Frankfurt an der Oder, um mit Rücksicht auf unser Berliner Grundstück meine Versetzung zu verhindern. War ich doch immer innerlich mit 1.000 Fäden an Potsdam gebunden. Hier hielt mich die frohe Erinnerung an eine sonnige Kindheit und Jugendzeit, an die ersten Jahre meiner Soldatenzeit in der Preußischen Garde … jetzt in Angedenken an die vielen stolzen Tage, die bei Truppenparaden die Machtfülle des aufstrebenden Deutschen Kaiserreiches erkennen ließen. Hier hielten mich auch mancherlei Bindungen persönlicher Art, nicht nur ältere Freundschaften oder Treueverhältnisse, hatte doch der vergangene Winter mit seiner reichen Geselligkeit in Potsdam und Berlin dieser manchen Bereicherung herzlicher Art auch tiefergehende Bedeutung zugefügt. So schien mir eine Trennung von Potsdam ein Schritt durch mein ganzes bisheriges Leben zu sein. Ich hatte die

Absicht, mich mit allen Mitteln zu wehren. Vati kam am 22.3. nachmittags zu mir in mein Russenhäuschen und brachte günstige Aussichten für mein Verbleiben in Potsdam mit. Ich war darüber frohgestimmt, brachte ihn gegen 6 Uhr nachmittags zur Bahn und zog mich dann zuhause um, für den heute angesetzten Kasinoball. Mit dem berechtigten Bewusstsein, in diesem Winter schon reichlich viel getanzt zu haben. Aber doch innerlich froh wanderte ich den allbekannten Weg zum Kanonendorf. Winterliche Kälte herrschte in der Garderobe. Frühzeitig da hatte ich Muße genug, ab halb 8 Uhr den so oft erlebten Einzug der Gäste noch einmal – wohl zum letzten Mal in diesem Winter – abzunehmen. Ohne Erwartung sah ich allem entgegen. Die zu erwartenden Fragen wegen meiner Versetzung wollte ich nichtssagend beantworten, redete man doch sicherlich schon genug über diesen Fall. Vielleicht saß ich aber auch zum letzten Mal in diesem … Saal der zweiten Garde-/Brigadefeldartillerie, in dem ich mein Kasinoleben begonnen hatte. Beurlaubt und mit dem Entschluss, den Abschied zu nehmen. Spielend fühlte ich mich etwas über der Situation stehend. In dem langen schmalen Empfangszimmer fand sich bald alles in qualvoll fürchterlicher Enge. Ich arbeitete überall »Guten Tag« zu sagen beziehungsweise mich vorstellen zu lassen. Da sah ich am Ende des Zimmers ein großes blondes Mädchen stehen. Sie hinterließ in mir irgendeinen Eindruck. Sie war im … Gespräch mit Rotte (oder Rohde). Sie sprachen eine Weile miteinander, ich dachte unwillkürlich, sie kennen sich wohl gut – aber auch, wie kommen sie dazu? Ich erfuhr, es sei Fräulein von

Friedeburg. Der Name war mir bekannt, denn Friedeburg-Kinder waren schon früher zuweilen bei Koskulls gewesen und den Vater kannte ich vom Ansehen als Kommandeur des ersten Garderegimentes zu Fuß. Ich ließ mich mit mehreren anderen vorstellen, ein kurzer Anblick, es war vorbei. Allmählich begann der Tanz. Man fühlte sich mit als Gastgeber, es gab Pflichttänze, viele mit schlecht tanzenden Batterie-Hausfrauen. Von früher her kannte ich Fräulein von Wertheim ... ein wenig hübsches, aber doch sehr tüchtiges Menschenkind. Ich tanzte jeden Tanz, mal hier und mal dort, führte Fräulein von Wertheim in der ersten Pause zu Tisch, das heißt zum Buffet. Ich unterhielt mich mit ihr, doch war mein inneres Befangen, ich dachte häufig an jenes große blonde Mädchen mit den frischen offenen Zügen. Sie saß an einem anderen Tisch. Ich fühlte deutlich, wie mir das leidtat. Doch mochte ich nicht sofort auf sie zustürzen, um sie zum Tanz aufzufordern. Irgendetwas hielt mich zurück, worüber ich mir keine Rechenschaft gab. Eine Scheu, eine Befangenheit, ein Gefühl, dass mir etwas Besonderes gegenüberstehe? Nun forderte ich sie einmal auf zu tanzen. Es ging recht gut, wir sprachen fröhlich miteinander. Ich begann vom ersten Garderegiment... alte Zeiten. Ich sah ihr Gesicht dicht vor dem meinen, seitwärts gewandt, sehr viel Hübsches und edle Linien, sah es wohl mehrfach prüfend an. Frische und Natürlichkeit sprachen aus dem Klang ihrer Worte. Echte Anmut und berechtigter Stolz, den ich liebe, lagen in ihrer Haltung. Unser Tanzschritt war im Einklang, in meiner Seele klang mehr mit. Nicht klar wurde ich mir über dies alles. Doch wuchs ein warmes Gefühl in mir empor ...

Wirbelt ... Gern, sehr gern sah ich ihr Gesicht, ihre ganze Gestalt mit dem federnden Schritt. Nur eines wurde mir wirklich bald bewusst: Ganz echt und natürlich ist sie. Sie versicherte mich der zweiten Quadrille. Andere Tänze folgten belanglose ... Eigentlich war ich von den Ereignissen dieses März etwas abgehetzt, nun straffte sich alles in mir, als ich mit diesem Wesen Quadrille tanzen durfte. Die Verbeugung und Aufsehen, Trennung und Wiedervereinigung brachten immer wieder die erwünschte Gelegenheit, ihr ins Auge zu schauen. Das Spiel der Hände, ihr Druck und Loslassen durften helfen die fröhlich blitzende Verbindung der Augen zu stützen. Gemäß der Tanzform sprangen die Gedanken hinüber und herüber, Träger unbewusster Gefühle, aber von Freude und Erwartung. Letzte Tour. Öfter der bejahende Händedruck, gerne gegeben, gern genommen. Scherzworte, ein fröhlicher Walzer hinterher. Man ist zusammen von Herzen froh geworden, in mir ist viel Freude. Wir tanzen öfter miteinander, doch fordere ich sie nicht auffallend oft auf. Es ist etwas in mir, das mir gewissermaßen sagt, es geht etwas Ernstliches vor, kein Flirt. Niemand soll etwas merken. Öfter als wir miteinander tanzen, sehen wir uns an, wenn wir mit anderen tanzen. Ich bin dann immer in Sorge, dass meine Dame etwas merkt. Ich beobachte sie, halte mich hinter ihr in einiger Entfernung, passiere, wenn ich sehe, jetzt muss sie sich herumdrehen, wie freue ich mich – sie lacht mich wieder an, wenn ich es tue. Ob sie es wohl gerne tut? Es gibt eine Damenwahl, ich stehe zufällig im Buffetraum in Unterhaltung mit jemand. Da schneit sie frisch herein aus dem Saal, wieder mit dem federnden Schritt, der anmutig stolzen Haltung und dem frohen lieben Gesicht. Sie sieht sich ringsherum um, erblickt mich, fordert mich auf. Ich habe das Gefühl, sie hat mich gesucht. Ich freue mich unbändig, es war der erste Tanz der Damenwahl. Wieder das hübsche Profil vor mir, die feine schmale Hand in der meinen, sie geht mal durch den Saal vom Eingang in Richtung auf den Ofen. Ich verfolge sie von hinten mit den Blicken, alles gefällt mir so an diesem Wesen. Es folgen noch mehr Tänze, häufige Blicke zwischen den Tänzen. Einmal blitzt mich Georgs schelmisches Lachen durch den Saal an. Ich weiß sofort warum. Wir sind gut eingespielt aufeinander. Sie und ich trinken Kaffee in einer Ecke des Saals, ich bringe ihr einiges … (?) dabei das Gefühl, wie gerne würde ich ihr mehr bringen, ihr Gutes antun. Unendlich viel mehr. Die Musik muss nach Hause, einige Familien setzen sich noch ins Nebenzimmer. Ich sichere mir einen Stuhl neben ihr am Tisch, vor dem Kamin. Sie kommt plötzlich an den anderen Tisch mit Fiebig. Ich also auch, rufe Fräulein Neuhaus dazu. Es kommen noch Graf Oriola, Georg (?) Schn…, Unterfähnrich Brecht dazu. Ich bin in glücklicher Stimmung und brauche zur festlichen … dieser Augenblicke etwas Wein. Wir machen Wattepusten und sammeln Pfänder ein. Plötzlich wirft sie, die mir schräg gegenüber auf dem Sofa sitzt, einen 50-Mark-Schein zum Aufheben zu. Ich bin dankbar dafür. Wir können uns jetzt nicht mehr so ansehen, aber ich darf ihre lieben Hände desto mehr sehen. Ich kann nicht viel sagen, denn irgendetwas Besonderes liegt für mich vor, das fühle ich. Plötzlich ruft noch Hauptmann Hensch (?) in eine Ecke und sagt mit seiner offenen Art: »Wollen Sie heiraten?« Ich bekomme einen gelinden Schreck, denke – hat er etwas gemerkt – und halte dies im gleichen Augenblick für unmöglich. Es folgt ein überraschendes Frage-und-Antwort-Spiel von einer Minute Dauer. Ich vermeide es, Fräulein Hinz anzusehen. Als wir aufbrechen wollen, sind die Wagen nicht da. Ich bringe sie in der Kaserne auf den Schwung, habe mich aber vergewissert, im Wagen des Hauptmanns Lindemann mit ihr zurückfahren zu dürfen. Bis die Wagen kommen, tanzen wir noch, schon angezogen. Es folgt der Parademarsch mit Damen, zum ersten Mal in diesem Kasino. Sie und ich nebeneinander. Ich finde Frau L. mit einem Strauß roter Blumen etwas komisch. Meierbecher hält die Kritik. Sie steht links vor mir, Arm in Arm. Hat dies eine Bedeutung für die Zukunft? Ich kann nicht anders, ich muss ihren rechten Arm leise an mich pressen, ich tue es so gern. Ob sie es merkt und es für mehr als eine Zufälligkeit hält? Gedanken gehen mir durch den Kopf. Wie kann ich die Verbindung mit ihr aufrechterhalten? Da habe ich noch den 50-Mark-Schein, den behalte ich oder bringe ihn mal zurück. Die Wagen kommen, es ist wohl nach 3 Uhr morgens. Wir fahren zurück durch die Russische Kolonie, nun sitzt sie mir gegenüber, im Dunkeln der Nacht, kaum dass ich den Umriss ihres Köpfchens erkennen kann. Da verlangt sie auch noch den 50-Mark-Schein, kurz vor meinem Häuschen. Also muss ich ihn geben. Ein kurzer Abschied, die üblichen Worte, der Wagen rollt weiter, war alles nur ein Traum? Mit diesem schönen Mädchen? Diese Zeit ist anstrengend, vieles reißt an mir, soll ich den Abschied nehmen, da mich der Beruf nicht mehr befriedigt? Potsdam will ich nicht verlassen, eine Frau spinnt mich ein mit ihrer Liebe, ahnungslos bin ich dazugekommen. Am 23. März berichte ich Frau Fr. über den gestrigen Ball, dabei fällt ihr Name. An einem der nächsten Tage erzähle ich Vati in Berlin vom Kasinoball. Auch hier fällt ihr Name. Auch dies dient mir als Begründung, Potsdam nicht verlassen zu wollen. Man kann nicht wissen, was daraus wird, denke ich mir wohl im Innersten. Auch Frau von (?) muss ich am Sonntag, 26. März, vom Kasinoball erzählen. »Wer hat Ihnen denn am besten gefallen?« Ich sage ruhig: »Fräulein von Friedeburg.« Am Montag, 27.3., mache ich wieder einen Krankenbesuch bei Frau Fr. Sie erzählt von Hauptmann L. eine Äußerung, es hätte sich beim Kasinoball wohl jemand in L. verguckt. Der Lidi fragt immerfort, ob er noch hier bliebe oder ob er nun doch weggeht. Frau Fr. sagt, sie mache (?) gerne so strahlende Augen. Ja, dazu hatte ich alle Berechtigung. Also sie hatte mich nicht vergessen, sie dachte an mich. Das Vertrauen, das ich ihr sofort am 22.3. schenkte, als ich ihr von meiner Hoffnung sprach, in Potsdam bleiben zu können. Niemand sonst sprach in diese ... ich davon an diesem Abend. War belohnt, sie hatte Interesse daran und ich war glücklich, davon zu hören. Am Nachmittag dieses Tages besuchte ich meinen Georg. Wir sprachen über die Menschen, auch über den Ball. Sie sei ... sie hat dich auch ganz gern ... das sieht man schon daran, dass sie dir den 50-Mark-Schein hinwarf. Schlag dir mal solche Gedanken aus dem Kopf! Dies sah ich nicht ein, dachte nur an das schöne, natürliche Mädchen. Tage mit Stürmen und ... folgten. Am 1.4.

sollte Rennen in Bornim sein, ob sie im Wagen mitkommt? Ich höre dies von Nensch, belege gleichfalls einen Platz, hoffe auf Sonne. Es schneit am 1.4., schneit unentwegt. Litt erklärt: »Ich fahre nicht bei dem Wetter.« Ich hatte auch wenig Lust, aber die Möglichkeit, sie – denke ich – wiederzusehen, treibt mich hinaus. Es ist vergeblich, wie zu erwarten war. Es ist halt 1. April. Irgendwie habe ich in diesen Tagen einen Gruß von ihr durch Hauptmann L. erhalten, den ich so gerne wieder … Weiter … Meine verzögerte In-Marsch-Setzung nach Schweidnitz war noch keine Entscheidung, alles war noch in der Schwebe und damit die Frage des Abschiednehmens, die mein ganzes Leben umgestalten müsste. Sollte ich es, musste ich es etwa im Hinblick auf Lini? So verging die erste Hälfte des Aprils mit Einladungen, Besuchen, häufigem Zusammensein mit Georg, der von allem wusste. Zwischendurch ritten wir häufig. Der Ostersonntag fiel auf den 16. April. Ich saß um bald halb zehn vormittags am Kaffeetisch, als ich plötzlich den Entschluss fasste, in die Garnisonskirche (in der Innenstadt Potsdams / Breite Straße / Ecke Dortustraße; diente dem preußischen Hofstaat der Hohenzollern sowie dem Militär als Gotteshaus, Wikipedia) zu gehen. Rasch umgezogen, um die Dreiviertel Elektrische zu erreichen. In ihr traf ich Fräulein von Köcknitz, wir gingen zusammen in die Offiziersloge / Damenloge (?), in der ich so oft als Kind schon gesessen hatte. Links von mir saßen General von … und Frau. Die Predigt gefiel mir, ich passte auf, war ich doch so lange nicht in der Kirche gewesen. In unseren Mannschaften war Harald da … Der Gottesdienst ist aus, man erhebt sich und strebt langsam dem Ausgang zu. Von links schieben sich die Menschen auch von der Kaiserloge her zur Treppe zu. Da sehe ich plötzlich ein Profil, das ist sie und es fährt mir ein Ruck durch die Glieder. Ich betrachte sie und sie geht vor mir die Treppe hinunter. Unten muss ich Bekannte begrüßen, auch Harald. Es bilden sich Gruppen. Da steht sie mit ihrem Vater und ihrem Bruder aufrecht, stolz, mit ernstem Gesichtsausdruck. Wir sehen uns an, ganz besonders anders wie sonst. Ich fühle die Besonderheit dieses Blicks ganz deutlich. Ich grüße, sie grüßen wieder und geht dann … Frau v. K. und ich hinterher. Ich sehe sie die Marmonstraße (?) entlang gehen und verfolge sie. Nachmittags bin ich in Zehlendorf, auf Hin- und Rückweg, und auch dort muss ich immer an Lini denken, eine frohe Erwartung liegt in mir. Welch ein Blick war das heute Vormittag, es trifft mich noch. Am Ostermontag komme ich … von einer Wagenfahrt über Krampnitz, Sarkow zurück, als wir in der Albrechtstraße zwei Mädchen überholen, die untergehakt miteinander. Ich sehe vom Bock herunter, sehe aber nur die eine, grüße frisch vorbei. Am 19.4. übermittelte mir Hauptmann L. eine Einladung zum 22. zum Tee zu Friedeburgs. Zwischendurch hatte ich nur gehört, dass sie bei Werthers eingeladen worden sei und Werthers Ungeschicklichkeit, mich nicht dazu einzuladen, bedauert. Am Nachmittag wandere ich zum Kanal 67, um meinen Besuch zu machen. Ich klingele, klingele – kein Erfolg, klingele nochmal, nochmal … man kommt. Ich sehe sie und Fräulein von Kümmerer/Kummer, die gerade fortgeht. Sie ist ganz in Weiß gehüllt, mir so recht. Meine Visitenkarte stecke ich wieder ein, ich denke, sie ist immer noch größer als du. Trotzdem sie doch heute keine Tanz-schuhe anzieht. So steht sie, … wir uns ein paar köstliche Augenblicke im Flur gegenüber. Ich darf sie frei anblicken und mich wieder an ihr freuen, an dem liebfrisch Gesicht mit der rosigen Farbe und den blauen Äuglein, an dem blonden Haar und der schönen Gestalt. Kurz ist die Freude, geht aber tief. Bei unfreundlichem Wetter fuhren Georg und ich am 22.4. nach Berlin, um unsere Herzen untersuchen zu lassen. Etwas abgespannt kam ich wieder, es blieb nicht viel Zeit, sich umzuziehen, um mit großer Erwartung um halb 5 nachmittags am Kanal 67 zum Tanztee zu erscheinen. Pünktlich wollte ich sein und war es auch. Dem Diener sagte ich: »Führen Sie mich bitte hinauf, ich kenne hier nichts.« Er klopfte an ein Zimmer, ich trat ein, da stand sie. Frisch und schön, wie ich sie kannte. Leni, wie ich dachte. Fröhliche Begrüßung, sie führt mich ins größere Nebenzimmer und stellt mich ihrer Kusine Erika von Xanthier vor. Wir unterhalten uns am Ofen. Sie ist fort, ich denke, da ich im Nebenzimmer Stimmen höre, eigentlich muss sie mich doch ihren Eltern vorstellen. Ich kann doch nicht alleine hineinlaufen. Ich unterhalte mich weiter, Ursel Frankenberg erscheint, Graf Hülsen, gehe ich endlich ins Nebenzimmer und lasse mich ihrem Vater vorstellen. J. Xanthier, der alte Regiments-kamerad, ist auch da. Später erscheint auch noch ihre Mutter, die mir unvermittelt erzählt, gerade wäre sie aus Namedy gekommen. Und Lilli habe alles arrangiert. Man geht zum Tee, ich denke, nicht gleich mit ihr. Also zum Beispiel mit Erika Xanthier. Wir sitzen an verschiedenen Tischen, ich kann sie aber schön sehen, von der Seite, so wie beim Tanzen. Bei der Unterhaltung unseres Tisches, bei dem auch Ria Ritter, Fräulein von März, Iri Röder und Herr Johannsen sitzen, bin ich nicht mit meinen Gedanken. Einmal holt sie Kuchen aus dem Nebenzimmer, wünschen … uns … sehen uns an und ich freue mich darum. So beginnt der Tanz, ich tanze zuerst mit meiner Tischdame, damit es nicht so auffällt. Dann den zweiten hole ich mir von Lini und sichere mir die 2. Quadrille zu. Ob sie sich freut? Die Stimmung wird fröhlich, man tanzt flott, der Klavierspieler ist ausgezeichnet. Es kommt die 1. Quadrille, ich habe aufgefordert. Rechts von uns steht Graf Hülsen, … Wenn wir in der Ecke eine Tournee machen, dann sehen und lachen wir uns an, unbemerkt von den anderen. Die Augenverbindung vom 22. März ist wieder hergestellt. Ich freue mich so! Wir tanzen häufiger miteinander, zwischendurch kühlen wir uns am Fenster etwas ab. Ich fühle mich recht wohl bei diesem Tanztee. 2. Quadrille: Wir sind zweites Paar, gegenüber Graf Hülsen mit der Erbprinzessin von Meiningen, links der Erbprinz mit Fräulein von der Osten …, rechts Herr von … Ich stehe neben dem Klavierspieler und sage ihm, die Pause zwischen den Tourneen könnte etwas länger sein. Dies sage ich ihr gleich, warum auch nicht. Ja, und der Walzer hinterher muss recht lang sein. Auch dies übermittle ich recht gern. Das Spiel beginnt mit Verbeugung und Aufsehen und Ansehen und Wiederansehen, die Unterhaltung stockt nicht, sie ist sogar wichtiger als die Einsätze zum Tanzen. Die Erbprinzessin lächelt, das merke ich. »Kommen Sie morgen zum Rennen heraus?« »Ja gern, aber ich habe keinen Wagen. Vielleicht bekomme

ich einen, aber Abholen geht wohl nicht.« »Warum nicht?«
»Es wird schwierig sein, noch einen Wagen zu bekommen,
aber wenn man etwas will, dann geht es auch.« Ich denke,
alle sind sicher vergeben, aber bekommen muss ich einen.
Ob sie wohl mit darf? Potsdam und seine gesellschaft-
lichen Formen alter Schule kommen mir in den Sinn.
Aber wir sind so fröhlich, so guter Dinge, irgendwelche
Elektrizität liegt zwischen uns. Das Paar gegenüber merkt
es. Die Erbprinzessin lächelt häufig, Graf Hülsen blickt
erstaunt, besorgt. Die schöne Quadrille mit ihrem Schluss-
walzer ist vorbei. Aber welcher Gewinn – die Hoffnung
auf morgen! Weitere Tänze folgen, nur gezwungen spreche ich einiges mit meinen Tänzerinnen. Meine Gedanken
sind bei Lini …, meine Blicke verfolgen ihre stolze Gestalt, die ich so liebe. Öfter treffen sich unsere Augen,
einmal besonders ernst und lange, als ob etwas ganz Besonderes vorginge. Ich habe ein grenzenloses Vertrauen zu
ihr, trotz der kurzen Bekanntschaft. Graf Oriola teilt mir
meine Versetzung nach Frankfurt/Oder mit, von der ich
schon weiß. Er hätte mir auch eine Zigarette anbieten
können. Heute macht mir so was keinen Eindruck, es geht
um mehr als um Versetzung. Einmal stehen wir uns
gegenüber im Saal, da sage ich ihr kurz alles, was mich in
diesen Wochen so oft bewegt, meine Gedanken über den
Berufswechsel, über die Versetzung usw. Nun ist es, als
müsste sie von allem wissen. Ich bitte sie, alles für sich zu
behalten – also haben wir ein Geheimnis. »Mit wem soll
ich denn darüber sprechen?« Man will nun etwas Kuchen
und Brötchen essen, jetzt fordere ich sie dazu auf. Das
Beste sucht sie für mich aus. Wie freue ich mich! Allein

sitzen wir nun zunächst in ihrem Zimmerchen. Es erscheint Rotte, sodann Ursel Frankenberg, sodann Henning Treskow, der sich zwischen uns klemmt. Ein eigenes Gefühl habe ich, als wir allein in ihr Zimmerchen gehen. Nun sind die anderen auch da. Man holt Essenssachen, Treskow setzt sich auch auf meinen Platz, was soll der hier? Lieb ist sie und winkt mich heran, das freut mich wieder so. Man tanzt wieder, einige gehen. Jetzt möchte ich dauernd bei ihr sein, nicht fortgehen. Der letzte Tanz gehört uns beiden. Ich sehe sie wieder von der Seite, ihre liebe Hand liegt wieder in der meinen, im harmonischen Einklang sind unsere Bewegungen. Nun heißt es sich verabschieden, gegen halb 9 Uhr sieht mich der Vater prüfend an. Ich habe das Gefühl, hinunter zum Anziehen. Die Wagenfahrt morgen zum Rennen ist genehmigt, ich bin so froh, freue mich so darauf. Das habe ich ihr gesagt … und erscheint sie noch einmal, rasch noch einmal Lebewohl gesagt, nun gehe ich mit übervollem Herzen, denn Linis Bild ist drin, durch Potsdams Straßen. Jetzt ist es mir nun völlig klar, wohin die Fahrt geht. Jetzt fühle ich eine innere Bestimmung, die mich glücklich macht und darf auf Entgegenkommen hoffen. Treffe Georg, ich komme nicht nach Hause, zu viel stürmt ein in mir. Ich lade ihn ein zu van Heese, erzähle von heute Nachmittag und kann doch nicht alles erzählen. Jetzt weiß ich meinen Weg, jetzt bin ich mir meiner Liebe zu diesem schönen Mädchen mit seiner natürlichen Anmut voll und ganz bewusst. Das war der 22. April! Nach wenig Schlaf erwache ich mit hämmernden Gedanken am Sonntag, dem 23.4. auf. Nun heißt es den Wagen zum Rennen besorgen und 399 Bescheid sagen. Früher als ich ursprünglich wollte, renne ich in die Kaserne. Ich muss Gewissheit haben wegen des Wagens. Alle Batterien, alle Kompanien der Nachrichtenabteilung haben ihren Wagen vergeben – wie zu erwarten war. Was tun? Es fällt mir auf, das Liebig einen Wagen bestellt hat, wozu braucht der ihn? Ich suche und finde ihn und bekomme den Wagen, bin wie erlöst. Du zur Stadt zur Fotografie für die ... Batterie ... Das Wetter ist launisch, es beginnt zu regnen, gerade als ich unter dem Dach des Ateliers stehe. Ich bin in spannender Erwartung, macht das Wetter einen Strich durch die Fahrt? Auf alle Fälle will ich den Wagen ansagen. Dies rasch getan, zur Kaserne, zum Kasino zurück, um 2 Uhr 30 nachmittags wieder am Kanal 67 zu sein. Ich rattere durch die Stadt, dem geliebten Mädchen entgegen. Der Bruder ist schon unten: »Guten Tag, Herr Oberleutnant! Meine Schwester kommt gleich.« Da ist sie auch schon, frisch, fröhlich, wie immer. Sie besteigt den Wagen, ich neben ihr, Wilhelm gegenüber. Oben stehen die Eltern, ich grüße herauf, ohne jemand zu sehen. Wieder rattert der Wagen. Wovon sprechen wir? Von gestern, von heute und sind froh. Hier rechts liegt (?) Batchateau-Schloss, weiter durchs Kanudorf zur Bornimer. Georg ist an der Kaserne mit eingestiegen. Durch die Sperre. Es kommen noch mehr Offiziere hinzu, ulkige Pferde. Viel Zeit haben wir beide nicht, da sie nach Nikolassee und ich zum General von Hülsen zum Tee muss. Franz erscheint, ich stelle vor. Ab und zu laufe ich fort, begrüße Familien der Abteilung auf der Tribüne, dann bin ich wieder da. Zunächst ist Georg im Gespräch mit ihr. Nachher sprechen wir miteinander. Im Inneren überlege ich, wie die Verbindung aufrechterhalten? Ich hoffe, von München aus schreiben zu können. Sage dies, sie ist dafür. Ich freue mich, wir sprechen von ihrer Pommern-Reise, ich muss jedenfalls wissen, wann und wohin sie geht. Die pommersche Anschrift weiß ich schon seit gestern. Ich schlage als Nächstes eine Wagenfahrt mit Franz vor, sie ist dabei und wir verabreden, dass mein Bursche das Briefchen bringen soll. Als das erste Rennen beginnt um 4 Uhr, müssen wir fort. Mit großer innerer Freude schreite ich neben ihr auf den Wagenplatz zu. Endlich finden wir unseren! Im Eiltempo so geht es zum Bahnhof. In der Stadt fängt es nämlich an zu regnen. Ich sage, ich hätte wohl gestern zu viel Ernstes geredet, aber sie ist ganz mit mir einverstanden. Gerade noch pünktlich am Bahnhof. Auf Wiedersehen, fort ist sie – die Liebe. Rasch zum Tee zu General von Hülsen, der Sonntag ist herum. Vorschlag zur Wagenfahrt. Ein guter Geist lässt mich wegen des fraglichen Wetters den Fredericus Rex gleichzeitig vorschlagen. Mit großer Spannung erwarte ich am Mittwoch, den 26.4. nachmittags die Antwort. Sie ist sehr damit einverstanden. Der bestimmte Ton gefällt mir und die Anrede »Lieber Herr Lindemann« – alles ist natürlich an ihr, wie ich es schon am 22.3. deutlich empfunden. Der 28. April kommt heran, kurz nach 5 Uhr bin ich an den Lichtspielen und sehe die Charlotten- und Nauener Straße entlang, wo mag sie kommen? Schönwetter ist heute. Da ist sie plötzlich ganz nah im gelben Kostüm, ich freue mich, wie schön sie wieder aussieht. Wir erwarten im Eingang noch Frau Franz, treffen Sels; nun sind wir oben. Beide sitzen vor mir. Die

Jugend des Kronprinzen in Rheinsberg mit seinem Liebesstil zieht an uns vorüber. In den Pausen sprechen wir miteinander. Nur einmal ... von dort. Aber nein, ich sehe sie plötzlich in der Offiziersdamenloge sitzen ... Als ich komme, dreht sie sich um. Ich grüße, alles zieht mich nach vorn, mich neben sie zu setzen, aber es geht ja nicht. Und wer sitzt neben ihr? Ihre Mutter. Nein, doch nicht. Nun sitze ich links hinter ihr, kann sie schön beobachten. Jedes Kopfneigen geht es ... Das Lied Nummer 96 von der Liebe ... Ich bin so froh, wie schön dieser Gottesdienst (?). Nachher treffen wir uns am Ausgang und gehen am Langen Stall entlang. Wieder regnet es. Ich gebe ihr ein Zettelchen, das ich vorbereitet hatte. Durch die Charlottenstraße und dann zur Post. Hier Abschied. Nachmittags versuche ich mein Lieb auf dem Wege zu Crommachers am Berliner Tor abzupassen. Doch vergeblich. Warum haben wir uns nicht verabredet, ich bin so dumm. Aber morgen macht sie Besuch bei der guten Frau Franz, die ihr das gesagt hat. Am Abend des 30.4. treffe/trenne ich mich von Georg am Potsdamer Bahnhof, wann sehen wir uns wieder? So wird es der 1. Mai, als ich kurz vor 5 nachmittags zu Franzens gehe, sehe ich dieses liebe Mädchen gerade herbeilaufen, also muss ich doch wenigstens etwas warten. Dann klingeln, da ist Nr. 2. Die lustige Frau Franz, ich denke nur, hoffentlich hat Leni das nicht gehört. Im Zimmer sehen wir uns wenig an, Frau Franzen erzählt von ihrem desertierten Mädchen, dass sie durch ... zu ersetzen suchen. Und da drüben ... ist das liebe Wesen mit dem (?) Doroli auf dem Schoß und einem hohen Köpfchen, das nicht weichen will und ich habe sie so lieb.

Nun gehen wir noch in den Garten und begrüßen ihn …
prachtvoller … so recht angenehm zu freudiger Stimmung. Da Leni noch zum Nikolassee muss, so wandeln
wir zusammen über den Pfingstberg und Karrenberg. Sie
haben gar nichts Grünes, einhüllen möchte ich sie in Blumen. Ich erzähle ihr von den Spießern, die es ihren Frauen
erzählen, dass wir zusammen in den Lustspielen waren.
Lieb und schön ist alles, Abschied an der Elektrischen,
aber morgen sehen wir uns wieder. Schöne Ritte führen
mich morgens immer durch das aufblühende Potsdam.
Heute am 2. Mai zum Fahrlander und Krampnitzsee, um
halb 8 abends bin ich bei Franzens eingeladen. Gegen ¼
8 bin ich da, bald darauf erscheint Leni. Einige über-
flüssige Bemerkungen von Franz über zufälliges Treffen.
Wir gehen ins Wohnzimmer und sind einige Augenblicke
allein. Ihre ursprüngliche Verschickung nach Pommern ist
aufgegeben worden, also muss ich auch meinen Plan, im
Zug ein Stück mitzufahren, worauf ich mich schon so
gefreut habe, aufgeben. Aber so ist es vielleicht schon besser. Im weinroten Kleid sitzt sie neben mir und ich kann
mich an ihrer Nähe freuen. Zu Tisch führe ich sie natürlich. Die gute Frau Franzen hat alles selbst, ohne Mädchen, gemacht und doch nur unseretwegen. Major von
Brandt … ist guter Laune, nach dem Essen stehen wir auf
und unterhalten uns, sitzen dann zusammen und führen
unser eigenes Gespräch, im Gegensatz zu den anderen. Es
wird auch Lustiges vorgelesen. Das erhoffte Grammo-
phon ist allerdings nicht in Ordnung. So recht gemütlich
plaudern wir vom alten Potsdam. Wohl gegen ½ 12 treten
wir den Heimweg an. Durch den dunklen Park, da die

große Weil...-Straße entlang zum Berliner Tor. Hier schlage ich den Umweg über den Bassinplatz vor, auf dem wir lange umherwandern. Ruhig und unablässig fließt die Unterhaltung dahin und wird immer schöner, enger knüpfen sich die Fäden von Seele zu Seele. Voll restlosen Vertrauens spreche ich über alles, was mich bewegt, meine Pläne für die Zukunft und auch von der Vergangenheit der ... Täuschung. Auch Leni erwähnt, sie sei mit jemandem versprochen gewesen, ... nebenher gehen Erinnerungen an unsere Potsdamer Jugendzeit. So wandern wir lange nebeneinander einher, unberührt von allen Menschen, nur mit uns selbst alleine und beschäftigt. Für die Stunden nächtlicher Freude gegen ½ 2 stehen wir am Kanal 67 und wissen, dass wir uns am nächsten Vormittag wiedersehen. Unsagbar frohen Herzens gehe ich durch die Nacht nach Hause. Am Mittwoch, den 3. Mai, treffen wir uns nach ihrer Stenografiestunde in der Alexandrinenstraße am Bornstedter Felde an den Baracken. Prachtvolles Wetter, alles blüht in der Russischen Kolonie, neues Leben erwacht, Freude ringsum. Pünktlich kommt sie, die geliebte Leni, mit energischem Schritt, die Hegelallee hinauf. Zeit bis 22 Uhr, fein. Also durch die Russische Kolonie zum ...-Garten, hinein in das Blühen des Frühlings. Am Marmorpalais sitzen wir auf dem Geländer, essen Schoko, sehen uns an und freuen uns aneinander in leuchtenden Farben. Sie sitzt mir gegenüber, herrlich ist das so. Vorhin habe ich ihr die erste weiße Knospe gegeben. Nun gehen wir weiter, dorthin, wo die schmale Stelle zwischen Heiligem und Jungfernsee liegt. Ob wir nicht mal zusammen musizieren wollen? Ich will noch zu ihren Eltern.

Hochaufgerichtet steht sie da, blickt hinüber zur Heilands-
kirche nach Sakrow. Ihre blauen Augen werden groß und
es ist ein schönes Leuchten in ihnen. Wie sonderbar, dass
wir heute Morgen beide zur gleichen Zeit »Griegs
Morgenstimmung« gespielt haben. Der Einklang der
Stimmungen. Weiter geht es zur Glienicker Brücke und
von da in der Elektrischen zur Stadt. Am … verlässt sie
die Bahn, ich winke, aber nicht lange soll die Trennung
sein. Denn abends ist ein Kirchkonzert in der Garnisonskirche, zu dem sie mit Wilhelm kommen will. Ich passe
sie ab, indem ich die Marmonstraße … und rutsche hinter
ihr hinein. Nun sitzen wir in der Kaiserloge hintereinander.
Nach diesem prächtigen sonnigen Vormittag dieser
schöne Abend. Ich sehe sie häufig verstohlen an und freue
mich an ihren Zügen, ihrem feinen Profil, dem blonden
Haar und dem ganzen edlen Schnitt des Gesichtes. Nach
jedem Stück versichern wir uns, wie schön es war, und
sehen uns dabei voll in die Augen. Wie freue ich mich
jedes Mal darauf. Sie stützt sich auf beide Hände und
neigt das Köpfchen dazu. Ich denke oft, warum legt sie
die Händchen auf die Bank? Das ist doch verführerisch.
Für morgen verabreden wir uns wieder, ein Treffen nach
der Stenografiestunde. Bis zum Alten Markt begleite ich
sie und den Bruder. Am Donnerstag, den 4. Mai, warte
ich vergeblich. Oh, das ist schlimm. Muss ich nach Berlin
fahren zum Stettiner Bahnhof, da ich mit allen Möglichkeiten rechne. Auch vergebens. Innerlich aufgelöst renne
ich abends mit Frau Franz in der Stadt umher und helfe
ihr ein Paket zu tragen, um mich zu betäuben. Abends
erinnere … mit der Post beförderten Brief von Leni …

Morgen ist wieder Stenografiestunde. Der 6. Mai kommt heraufgezogen. Heute dürfen wir uns nicht verfehlen, schon vor der Stunde gehe ich die Alexandrinenstraße entlang. Da kommt sie, also nachher an der alten Stelle. »Ja, hier nicht.« »Nein, hier geht es nicht wegen der Menschen.« Ich muss es doch sagen, trotzdem sie ein rotes Köpfchen bekommt. Und so treffen wir uns um ½ 11 an der alten Stelle. Nun geht es mal zum Ruinenberg, dort auf der künstlichen Ruine ist wieder ein Plätzchen im Sonnenschein. Schoko zu futtern. Die Kinderchen kommen, wissen sie, dass Potsdam sich die Haare über uns rauft? Hat sie vorhin erzählt, wir lachen dazu. Was gehen uns jetzt die Menschen an? Dann geht es hinunter, der Dorn will sie festhalten. Über den Weg, den ich oft auf den lustigen Füchsen galoppiert bin, hinunter über die Straße nach Bornstedt. Und ein Riesenstück ist … trotz … es regnet schon wieder. Ich denke an die verschwiegenen

Gärten neben der Orangerie und mir kommen unbewusst eigene Gedanken, denn das Glück schreitet neben mir her. So biegen wir ein in die Sizilianischen Gärten und da fängt es an zu regnen. In der Muschelgrotte schlüpft sie unter dem Kettchen hindurch. Nun sitzen wir nebeneinander und reden von gleichgültigen Dingen. Dabei ist

mir ganz anders zumute. »Was malen Sie denn da für Figuren in den Sand?« Öfter sehe ich sie an, das goldige Mädchen. Irgendetwas großes, ein Entschluss, will sich in mir aus...breiten ... Und nun fasse ich einfach ihre linke Hand, sage »Leni« und unsere Liebe findet sich im ersten lieben Küsschen. Schon hat man Menschen ... ich stehe vor ihr, mir ist, als müsste ich sie verteidigen. Hier helfen nun keine Worte mehr, es war wohl ½ 1. Nicht lange danach werden wir die blühenden Gärten von Sanssouci zum Obelisken … und verabschieden uns hier der Menschen wegen. Auf der anderen Seite der … Mut zur Landstraße verfolge … Ich bring mein Lieb zur Elektrischen und grüße, als sie von dannen fährt. Unsagbar glücklich bin ich. Nun kommt der 7. Mai, der Sonntag. Jubilate. Ich bin bereits in unserer Loge in der Garnisonskirche, als mein Linichen, mein goldiges, sonniges, kommt. Sie setzt sich vor mich, wieder kann ich sie gut sehen, wie vor einer Woche. Der Pfarrer Grünwald spricht für uns, wir fühlen es beide und wissen es voneinander. Freut euch, freut euch, heißt es von der Kanzel. Jubilate! Ja, wir jubeln, alles ist froh, in der Natur grünt und blüht es und in unseren Herzen quillt die Freude wie aus vielen duftenden Knospen hervor. Dankerfüllt bin ich, habe ich doch das Liebste gewonnen, was ich je erhoffen konnte. Oh, du mein Linichen! Nach der Kirche wandern wir zusammen wieder am Langen Stall entlang, es heißt noch einmal – sieh von beiden Seiten – und meine liebe Braut lädt mich zum Tee heute Nachmittag ein. Um 4 Uhr bin ich dort im Überrock. Ob er ihr wohl gefällt? Seine Excellenz erscheint, zu dritt sitzen wir gemütlich am Teetisch und der Papi und ich sprechen von früheren Potsdamer Zeiten, lange, ausgiebig, nett. Dann machen Leni und ich Musik, das heißt, wir unterhalten uns. Wie anders sehe ich dies Zimmer jetzt an als am 22. April. Zum Abendessen darf ich auch dableiben und nachher gibt es wieder Musik. Auf dem Flügel, der mir gefällt, spiele ich die Mondscheinsonate und die Pathétique. Lini sitzt mal im Fenster und schaut träumend hinaus, die Liebe. Die Abendsonne scheint, es ist so traulich schön hier und ich bin so glücklich, denn ich fühle auch mit dem Papi ein gutes Sich-Verstehen. Wilhelm spielt, Linis weicher Anschlag gefällt mir so. Ihr ganzer Charakter spricht daraus, sie singt … und es ist schön so. Ich freue mich daran. Gegen ½ 11 gehe ich glücklich durch die Frühlings-Sonntagsnacht nach Hause. Ich fühle ein … Pfad zum Papi gesponnen. Der 8. Mai zeigt mir zuerst wieder Sanssoucis Blumenpracht. Fröhlich reite ich am Schloss und an der Orangerie vorbei und denke an vorgestern mit seinem herrlichen Erleben hier. Im Galopp die Maulbeerallee entlang. Nach beendetem Ritt wandere ich durch den Neuen Garten zur Glienicker Brücke, wo ich um 10 Uhr 30 mein sonniges Lieb treffe. Heute soll der Kriegsplan entworfen werden, wie alles zu öffentlichem Entschluss kommen soll. So geht es über die Brücke im Sonnenschein am Wasser entlang untergefasst … recht lieb. Nach Moorlake und dort in den Wald, nun sieht uns niemand mehr. Wir haben uns sehr, sehr lieb und fühlen in und um uns Freude. Die Sonne strahlt auf unser Glück. Das Linichen denkt sich alles sehr rasch, ich übersehe das noch nicht. Nun, morgen soll der Wilhelm mir Nachricht bringen, wann die Nani aus Rott nun zurückkommt. Herrlich ist auch der Rückweg zur Glienicker Brücke und die Fahrt in der Elektrischen bis zur Berliner Brücke. Abends, als es dämmert, liege ich lang in glücklichen Träumen, im Fenster, genieße den Duft der Blumenblüten und denke an mein Lieb immerzu, ob sie es wohl fühlt? Am Vormittag des 9. Mai fahre ich nach Berlin, bin aber mittags wieder zuhause. Nachmittags kommt Wilhelm mit einem so ganz, ganz lieben Brief von meiner lieben Leni. Also gestern Abend hat sie es dem

Papi gestanden und ich kann morgen um 10 kommen. In mir quillt alles über vor Freude. Ich schreibe den Antwortbrief an mein Lieb und dann lade ich den Überbringer der freudigen Botschaft zu Kaffee und Kuchen ein. Nun renne ich in der Stadt umher und bestelle eine schöne Azalee für mein Linichen, damit sie gleich eine Freude morgen hat, bevor ich komme. Am Abend kommt Wilhelm nochmal, nun weiß auch die Nonni Bescheid und sie sind alle fröhlich zuhause. Und ich so glücklich. Nun lege ich mir noch die Sachen zurecht für den feierlichsten Gang, den man in seinem Leben tut. Und da denke ich, wenn du zum letzten Kommandeur des 1. Garderegiments gehst, dann nimmst du auch deinen Gardehelm mit. Und so muss ... nun schlafe ich hinüber in ein neues Leben und denke noch lange an das Glück, das kommen wird, an meine Lini in seliger Ruhe. Der 10. Mai – lustig trägt mich das Füchslein in munteren Sprüngen durch die blühende Natur. Inzwischen bringt der gute ... die blühende Azalee zu der geliebten Braut. Nun in den Überrock und ja pünktlich sein. Die Elektrische muss zu Hilfe genommen werden. »Ist seine Exzellenz zu sprechen?« »Exzellenz erwartet Herrn Oberleutnant!« Ich trete ein und warte einen kurzen Augenblick auf den Papi. Nun klopft mir das Herz doch etwas, als ich um meine Lebensgefährtin bitte. Wir sehen uns und sprechen 34 Minuten. Das hat jemand gezählt. Über Beruf und Berufswechsel, über meine Pläne, alles in recht gemütlichen Touren. Allmählich schmunzelt der Papi, meine Tochter ist ja Majorin. Nun neigt sich die Unterredung dem Ende zu und die Mami, von der ich gar keine rechte Vorstellung mehr habe, kommt herein. »Sie wollen uns die Leni wegholen?« »Ja, es geht wohl nicht anders.« Und nun kommt mein Lieb, die erste Begrüßung im Beisein der Eltern. Merkwürdig, nun sind wir allein und alles ist wirklich wahr. Bald sind die Eltern wieder da und ich bin Papis Junge und Mamis Fritz. Nun gehöre ich richtig zur Familie, Wilhelm kommt: Dies ... erfordert keine Feierlichkeit? Und die Rosi bekommt ein rotes Köpfchen, als ich sie mittags als »Schwesterchen« begrüße und ihr ein Küsschen auf die Stirn gebe. Die Anzeigen für die übliche Zeitung, das Potsdamer Intelligenzblatt, sind schon geschrieben. Nun macht das Brautpaar seinen ersten Ausgang und die Telegramme flattern nach München, Namedy und Grafenwöhr. Und dann werden die Ringe bestellt, die Zeichen der Verbindung. Und nun gehören sie zusammen, für immer und ewig, in Freud und Leid und Seligkeit.

DANKSAGUNG

Mein großer Dank gilt meiner lieben Freundin Petra, die mich bei diesem Projekt unsäglich unterstützt hat: Bei der Recherche und der Transkription des Tagebuches von Fritz Lindemann, das in der Sütterlin-Schrift verfasst ist.

Für die stete Motivation und Rücksichtnahme, während ich mich an der Rekonstruktion der Geschichte von Marie-Luise versucht habe, danke ich meinem Mann Andreas von Herzen.

Literaturverzeichnis

Aretin, Felicitas von. Die Enkel des 20. Juli 1944. Dittrich Verlag, Weilerswist-Metternich 2021.

Jahn, Gerhard. Der Widerstand ist kein Selbstzweck. Rede zum 20. Juli 1973, Gedenkstätte Plötzensee, Berlin.

Mahnmnal, Koblenz.de

Mühlen, Bengt von zur (Hg.): Der vergessene Verschwörer. General Fritz Lindemann und der 20. Juli 1944. Bucher Verlag.

Mühlen, Bengt von zur (Hg.): Sie gaben ihr Leben. Unbekannte Opfer des 20. Juli 1944. General Fritz Lindemann und seine Fluchthelfer, Chronos, Berlin-Kleinmachnow 1995.

Ort, Barbara (Hg.): Gestapo im OP. Bericht der Krankenhausärztin Charlotte Pommer. Lukas Verlag, Berlin 2013.

Riedesel, Valerie, Freifrau zu Eisenbach: Geisterkinder. Fünf Geschwister in Himmlers Sippenhaft. Ullstein Verlag, Holzgerlingen 2017.

Bad Sachsa, Geschichte einer Kurstadt, Stadtarchiv.

Welkerling, Wolfgang: Ein Wehrmachtsgeneral auf dem Weg zum Antifaschisten. Zeitschrift für Geschichtswissenschaft, Berlin 1989.

Wikipedia